Herbert Bischof

Obstgehölze schneiden leichtgemacht

Franckh-Kosmos

Die klassische Variante: Brombeerranke am Gartentor.

Sauer und saftig: Die erfrischenden Früchte der Sauerkirsche.

Inhalt

Extra

Zum Anbeißen: Knackiger Apfel

4

Ist Gehölzschnitt überhaupt nötig?

Bäume, Sträucher – voller Leben

Wie Obstgehölze wachsen, blühen, fruchten und wie der Gärtner lenkend eingreift, erfahren Sie hier.

Regelmäßiger Schnitt und ständige Pflege sind Voraussetzung für eine reichhaltige Ernte.

Kirschruinen durch fehlende Pflege

Nach erfolgreichem Erziehungsschnitt eines Jungbaumes

Reicher Lohn für harte Mühe

Akrobatische Schwerarbeit in schwindelnder Höhe

Herrlich blühende Kirschbäume in typischem Streuobstbestand

Das Wissen vom Aufbau und der natürlichen Entwicklung eines Obstgehölzes trägt wesentlich zum Verständnis des Gehölzschnittes bei und macht seine Notwendigkeit plausibel.

WIE OBSTGEHÖLZE WACHSEN

Ein Strauch bildet mehrere aus der Basis wachsende Haupttriebe, während ein Baum durch die sogenannte Spitzenförderung eine Krone bildet.
Das Größenwachstum eines Baumes wird auch von seinen Wurzeln bestimmt.

SCHNEIDEN, MUSS DAS DENN SEIN?

Zweck des Schnittes ist die Produktion von Qualitätsfrüchten. Gleichmäßiger Ertrag, Erziehung der richtigen Baumform und die Gesunderhaltung sind das Ziel.
Das Schnittausmaß richtet sich nach dem Standort, der Art und Sorte, dem Alter und der gewünschten Erziehungsform des Gehölzes. Bei kleinen Gärten ist der Gehölzschnitt für Hobby- und Freizeitgärtner von immer größerer Bedeutung, um wenig Platz bestmöglich zu nutzen.

Blühender Kirschbaum als Blickfang im Hausgarten

Großkronige Bäume benötigen stärker wachsende Wurzelstöcke (sogenannte 'Unterlagen') als Bäume mit kleinen Kronenformen (z.B. Spindelkronen).

EINBLICKE INS BAUMLEBEN

Die im Holzkörper befindlichen Gefäße transportieren Wasser und Nährstoffe. Speicherzellen sorgen für die Vorratshaltung, während für die Festigkeit die Holzfaserzellen zuständig sind. Das Dickenwachstum erfolgt durch das Kambium; nur wo dieses vorhanden ist, ist ein Verwachsen und Überwallen von Wunden möglich.
Durch die über die Blätter erfolgende Verdunstung wird Wasser mit Nährstoffen in den Leitungsbahnen nachgezogen und so die Ernährung des Baumes gewährleistet. Bei der Assimilation wandeln die Blätter Kohlendioxid und Wasser zu Zucker und Sauerstoff um. Die Energie hierzu liefert die Sonne. Für gehaltvolle Früchte ist eine ausreichende Anzahl von Blättern notwendig, da nur der in den Blättern gebildete Zukker den Früchten zur Verfügung steht (ausgewogenes Blatt/Frucht-Verhältnis).
Bereits ab Juli bilden Kern- und Steinobstarten neue Blütenknospen. Trägt ein Baum keine Früchte und wächst schwach, so bildet er für das kommende Jahr zu viele Blütenknospen aus, er alterniert.
So stehen Wachstum, Ansatz von Blütenknospen und Ertrag eines Baumes in engem Verhältnis, können jedoch durch entsprechende Schnittmaßnahmen beeinflußt, also bewußt gesteuert werden.

Malerischer (oben), überalterter, ungepflegter Hochstamm (unten).

JUNGE BÄUME, ALTE BÄUME

Reiche Ernte an einem Apfelhochstamm im Vollertragsalter

Die Lebensabschnitte eines Baumes sind unterteilt in Anzucht und Erziehung, Alter des beginnenden Ertrages, Vollertragsalter, das des abnehmenden Ertrages. Durch Herabbinden der sich in der Jugendzeit bildenden starken Langtriebe wird die Bildung von Blütenknospen gefördert. Bei beginnendem Ertrag senken sich diese Triebe, das Längenwachstum läßt zugunsten der sich vermehrt bildenden Seiten- und Kurztriebe nach. Weiter werdende Astwinkel zeigen das Vollertragsalter an, bei dem Fruchtbarkeit und Triebzuwachs ausgewogen sind.

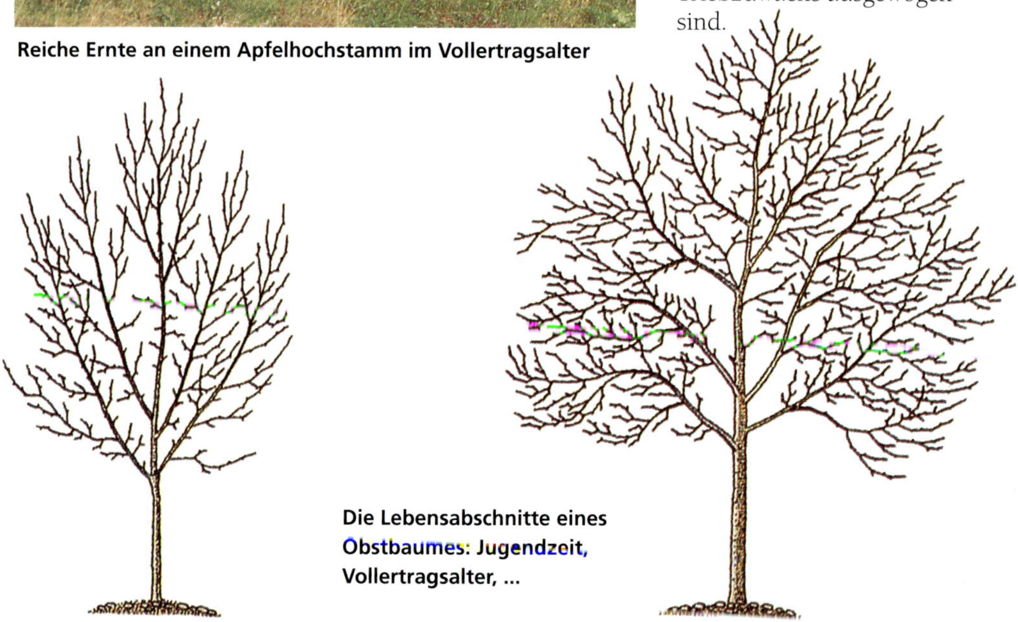

Die Lebensabschnitte eines Obstbaumes: Jugendzeit, Vollertragsalter, ...

ÜBER TRIEB- UND KNOSPENARTEN

Triebe sind der Zuwachs an Ästen und Zweigen, aus welchem sich die zum Kronenaufbau nötigen Leit- und Seitenäste sowie das Fruchtholz mit den Blütenknospen entwickeln. Den jüngsten Teil nennt man am belaubten Trieb Auge, am unbelaubten Knospe. An den direkt aus dem Stamm gezogenen Leitästen und aus dem Mitteltrieb, der senkrechten Fortsetzung des Stammes, entwickeln sich die Fruchtäste. Kurztriebe, mit Blütenknospe = Fruchtspieße, sind Triebe mit sehr kurzen Knospenabständen (Internodien), im Gegensatz zu Langtrieben mit großen Internodien zwischen den Seitenknospen. Fruchtruten sind mehrjährige, mit Fruchtspießen besetzte Triebe. Verdickungen am Holz an Fruchtansatzstellen werden Fruchtkuchen genannt. Wertlos sind vergeilte Wasserschosse. Am Triebende befindet sich die Terminalknospe; Schlafende Knospen treiben über Jahre nicht aus; Blattknospen bilden sich in den Blattachseln, Blütenknospen sind meist etwas größer. Am Grunde einer Knospe oder eines Triebes sitzt die Nebenknospe als Reserve. Adventivknospen befinden sich bei Himbeeren und Brombeeren an deren Wurzeln.

a) Kurz-, b) Langtrieb, c) Fruchtrute – Üben Sie das Erkennen an Foto, Zeichnung und an Ihrem Baum!

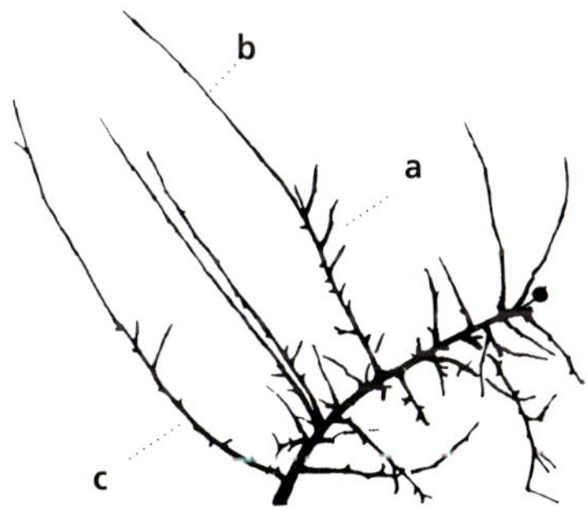

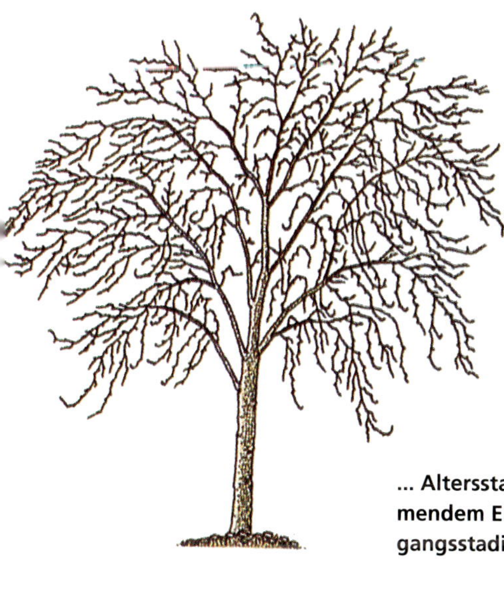

... Altersstadium mit abnehmendem Ertrag und Abgangsstadium (v.l.n.r.)

Ideal aufgebaute Hochstämme, die durch starken Schnitt zu übertriebenem Neutrieb angeregt wurden.

WIE GEHÖLZE AUF SCHNITT REAGIEREN

Ein starker Rückschnitt hat einen starken Austrieb der obersten Knospen zur Folge, ein schwacher Schnitt einen mäßigen Austrieb fast aller Seitenknospen. Bei einem ungleichmäßigen Schnitt dreht sich die Regel um, d.h. die stärker geschnittene Seite treibt schwächer, die schwach geschnittene stärker. Bei Beachtung dieser Regeln kann man ältere Bäume verjüngen und zu verstärktem Neutrieb anregen, jüngere Bäume in die gewünschte Form bringen und sogar Wuchsfehler eines Baumes korrigieren. Mit jedem Rückschnitt werden die Knospen unmittelbar hinter der Schnittstelle zum Austrieb angeregt, also zur Verzweigung. Je waagerechter der Trieb steht, desto mehr Seitenknospen werden gebildet, das Längenwachstum wird vermindert und die Bildung von Blütenknospen gefördert. Kräftig ausgebildete Endknospen bilden lange, einjährige Triebe mit wenigen Seitenknospen. Entfernt man die Endknospe durch Rückschnitt auf eine Seitenknospe, vermindert man das Längenwachstum.

Neutriebe, die durch starken Rückschnitt aus schlafenden Augen hinter der Schnittstelle zum Austrieb gekommen sind.

WAS DIE UNTERLAGE BEWIRKT

Als Unterlage bezeichnet man die Wurzel und den Stamm bis zur Veredlungsstelle eines Baumes. Sie nimmt Einfluß auf das Wachstum eines Baumes und die Größe der Früchte. Man unterscheidet zwei Unterlagenarten.
Die Vermehrung der Sämlingsunterlage ist die älteste und einfachste Art, da sie auf generativer, d.h. geschlechtlicher Vermehrung beruht. Werden diese aus Samen gewonnenen Bäumchen nicht veredelt, so entsteht jedesmal eine neue Sorte mit unbekannten Eigenschaften des Baumes und der Früchte.
Vegetativ vermehrte Unterlagen entstehen durch Pflanzenteile von Mutterpflanzen. Diese Vermehrungsart führt zu Pflanzen mit einheitlichem Erbgut, also mit einheitlichem und bekanntem Wuchsverhalten. Beim Kernobst, insbesondere beim Apfel, können diese sehr einheitlichen Unterlagen in schwachwachsende, mittelstark wachsende und starkwachsende eingeteilt werden. Beim Steinobst sind vegetativ vermehrte Unterlagen im Gegensatz zum Kernobst erst in den letzten Jahren durch das Bemühen um kleinere Bäume verstärkt in den Vordergrund getreten. Sämlingsunterlagen finden heute fast ausschließlich nur bei großkronigen Hochstämmen im landschaftsprägenden Streuobstbau Verwendung. Bäume auf vegetativ vermehrten, schwachwachsenden Unterlagen sind nicht standfest und benötigen eine Stütze. Außerdem stellen sie höhere Ansprüche an Boden und an Wasser- und Nährstoffversorgung. Fragen Sie beim Baumkauf nach der für Sie geeigneten Unterlage.

Die Abbildung zeigt lediglich die Relationen des Wachstums. Absolute Wuchshöhen sind standort- und sortenabhängig.

Wie Obstgehölze in Form kommen

Leckeres Obst sollen sie alle tragen. Und gesund soll es sein. Der dazu führende Schnitt aber will gelernt sein – das wichtige 'Was, Wann, Wie' ist hier erklärt, damit Ihre Obstgehölze richtig in Form kommen.

Extrem kleine Baumform (Schnurbaum) in vollem Ertrag

Besonders wichtig beim Pflanzschnitt ist das Entfernen des Konkurrenztriebes.

Herbstliche Erntefreuden

ÜBERBLICK GEFRAGT

Wachstum, Ansatz von Blütenknospen und Ertrag eines Baumes stehen in engem Verhältnis und sind voneinander abhängig. Jeder Eingriff in eines der genannten Kriterien wird auch eine Veränderung bei den anderen zur Folge haben. Man muß den Baum als Ganzes sehen und die Schnittmaßnahmen überlegt und gezielt einsetzen.

Gezielt entfernte Neutriebe, um lichte Krone zu erhalten.

LEICHTER ARBEITEN MIT RICHTIGEM WERKZEUG

Vor Arbeitsbeginn sind Scheren und Baumsägen vor allem auf ihre Schärfe hin zu kontrollieren, um ein Quetschen oder Zerfransen von Ästen und Zweigen zu vermeiden.
Bei den heutigen Baumscheren können Klingen und Griffe ausgetauscht bzw. erneuert werden. Einer zweischneidigen Schere mit zwei geschliffenen Klingen ist gegenüber einschneidigen der Vorzug zu geben. Sogenannte Zweihandscheren bieten mit ihren längeren Griffen beim Schnitt im Inneren von Beerensträuchern Vorteile, da sie sauberes und einwandfreies Arbeiten ermöglichen. Für das Schneiden in oberen Kronenbereichen sowie für den Sommerschnitt bieten sich die Stangenscheren an.
Bei Sägen besteht die Wahl zwischen verschiedenen Modellen. So ermöglicht eine Bügelsäge mit verstellbarem Blatt ein genaues Arbeiten. Mit Blattsägen, die an einer Stange aus einer größeren Distanz eingesetzt werden können (Schwertsägen), geht die Arbeit etwas schneller, jedoch auf Kosten der Exaktheit. Bei allen Modellen sollten jedoch die Schneideblätter, je nach Einsatzhäufigkeit, etwa alle zwei Jahre, am besten von einem Fachmann, geschärft werden.

Verschiedene Sägen für den Baumschnitt

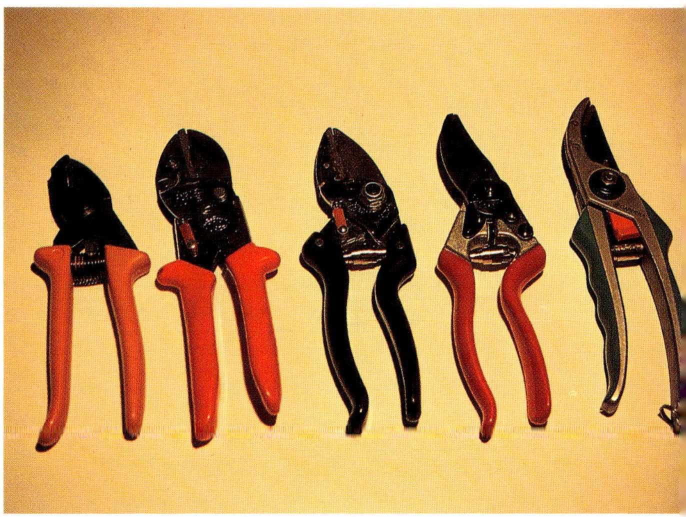

Verschiedene Baumscheren für einen sauberen und leichten Schnitt

Geübte und erfahrene Gärtner können für leichte Schnittmaßnahmen auch ein scharfes Messer (Hippe) verwenden.

Ein spezielles Halfter hält das Werkzeug stets griffbereit

3-Bock-Leitern laufen konisch von unten 1 m Breite auf 30 cm bei der letzten Sprosse zusammen. Die Stützen sollten mit Metallspitzen gegen Wegrutschen und ausreichend großen Fußplatten gegen Einsinken abgesichert sein. Durch die einholmige Stütze kann eine solche Leiter problemlos bei Bäumen mit tiefen Kronen oder jungen Halb- und Hochstämmen verwendet werden, deren dünne Leitäste den Einsatz von Anlegeleitern noch nicht erlauben. Anlegeleitern gibt's in verschiedenen Höhen, lassen Sie sich beraten.

Trotz der heute meist kleinwüchsigeren Bäume benötigt man zum Schnitt oder auch zur Ernte oftmals doch noch eine Steighilfe. Sicherheitshalber sollten keine Haushaltsleitern verwendet werden. Zur Wahl stehen Bock- und Anlegeleitern. Wichtig ist, daß alle Leitern in einwandfreiem Zustand sind.

TIP: Vor allem bei Holzleitern sollte man jede einzelne Sprosse prüfen, indem man die Leiter flach auf den Boden legt, und jede Sprosse einzeln mit dem gesamten Körpergewicht belasten.

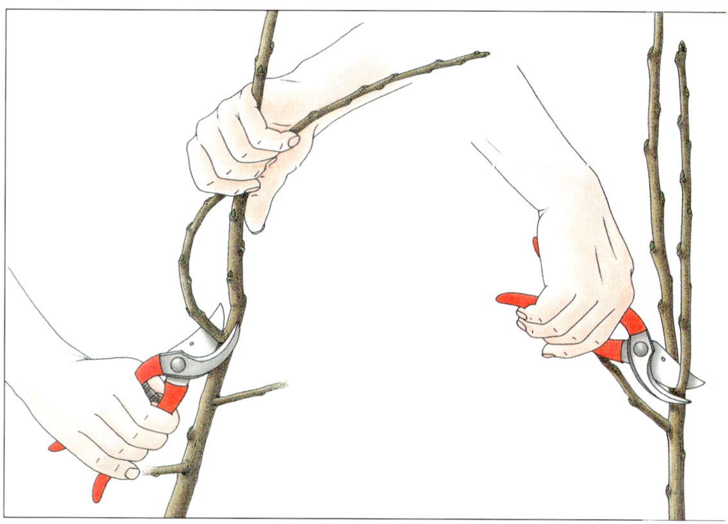

Beim Entfernen eines Konkurrenztriebes wird die Schere von unten angesetzt. Dabei wird der Trieb mit der anderen Hand festgehalten. Rechts sieht man, wie es nicht sein sollte: die Schere wird von oben angesetzt, die Schnittstelle kann dadurch ausfransen und verheilt schlechter.

ÜBER DAS BINDEN UND SPERREN

Für jeden Obstbaum gilt: je flacher sich ein Trieb entwickelt, um so leichter wird er Blütenknospen bilden. Dies kann man sich zunutze machen, indem man zu steil nach oben stehende Triebe möglichst in die Waagerechte herunterbindet. Man muß aber dabei unbedingt beachten, daß sich die heruntergebundenen Triebe nicht zu tief neigen, die Spitze darf keinesfalls auf den Boden zeigen. Es darf sich auch kein Bogen bilden, sondern im Idealfall steht der Trieb von der Basis an in gerader Linie zum Boden. Mit jedem Stückchen, das der Trieb mehr in die Höhe zeigt, nimmt sein Längenwachstum zu und verringert sich der Blütenansatz.

Das Herunterbinden erfolgt mit einer Schnur (Bast, etc.), beginnend von Stamm, Pfahl oder Gerüst. Durch vorsichtiges Herunterdrükken des Triebes mit der Hand sucht man die günstigste Stelle, nicht zu weit von der Basis, für die Befestigung des Bindematerials. Es sollte sich ein kleines Spießchen oder eine Unebenheit dort befinden, um die Schnur arretieren zu können. Es ist darauf zu achten, daß der waagerecht gestellte Ast das Dickenwachstum verstärken wird und daher genügend locker gebunden werden muß, damit keine Einschnürungen auftreten.

Die gleiche Wirkung kann auch durch das Anbringen eines etwa 100 g schweren Gewichtes erreicht werden. Dieses wird mit Hilfe einer Wäscheklammer o.ä. an der gewünschten Stelle befestigt, wobei man den Punkt sorgfältig austarieren muß.

Die beste Zeit für diese Maßnahme ist die zweite Junihälfte. Führt man das Waagerechtstellen zu früh aus, so können sich im Frühsommer, der Zeit des

Der Rückschnitt auf Knospen: zu lang (a), richtig (b), zu gerade, Verletzung der Knospe möglich (c), zu schräg (d)

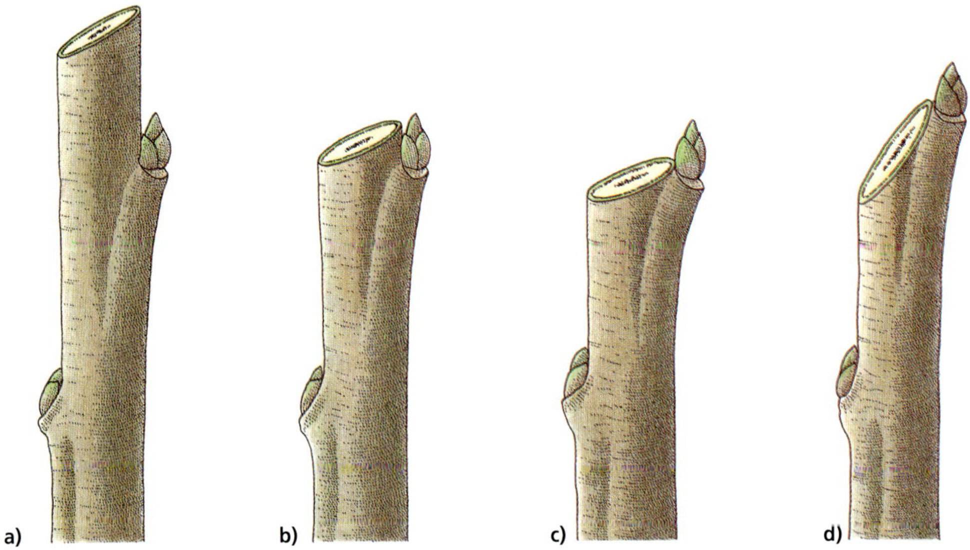

stärksten Triebwachstums, die Triebspitzen wieder aufrichten und nach oben wachsen.
Durch das sogenannte Sperren kann man die Bildung von Schlitzästen, vor allem bei Leittrieben, verhindern. Der Winkel zwischen Ast und Stamm sollte nie weniger als 45° betragen. Um dies zu erreichen, sucht man mit der Hand die Stelle, an der durch Druck die gewünschte Lage erreicht wird, und spannt ein gut fingerdickes Holzstück ein, welches man zur besseren Haftung an beiden Enden entsprechend einkerbt. Die Länge des Sperrholzes richtet sich nach der benötigten Hebelwirkung und ergibt sich aus der gefundenen Auflagefläche. Beim Winterschnitt kann das Sperrholz meist wieder entfernt werden, da sich die gewünschte Wirkung vor dem Austrieb dann meist eingestellt hat.
Diese Maßnahmen sind schon der erste Schritt, um dem Baum den gewünschten Wuchs zu geben.

Das Herunterbinden von Fruchtästen fördert die Blütenknospenbildung. Mit Klammern (rechts) wurde früher gearbeitet, wegen der größeren Gefahr von Verletzungen ist man heute zu anderen Hilfsmitteln übergegangen. Wichtig ist, der Zweig soll nicht nur heruntergebogen, sondern vom Ansatz her in die Waagerechte gebracht werden.

Zu steil stehende Triebe können mit sogenannten Sperrhölzchen flacher gestellt werden (links). Für den Kronenaufbau zu flache Triebe können durch Hochbinden vor dem Austrieb steiler gestellt werden (rechts), dies fördert das Längenwachstum.

Je stärker ein Trieb ist, desto schwerer müssen die Gewichte sein, um ihn in die Waagerechte zu bringen

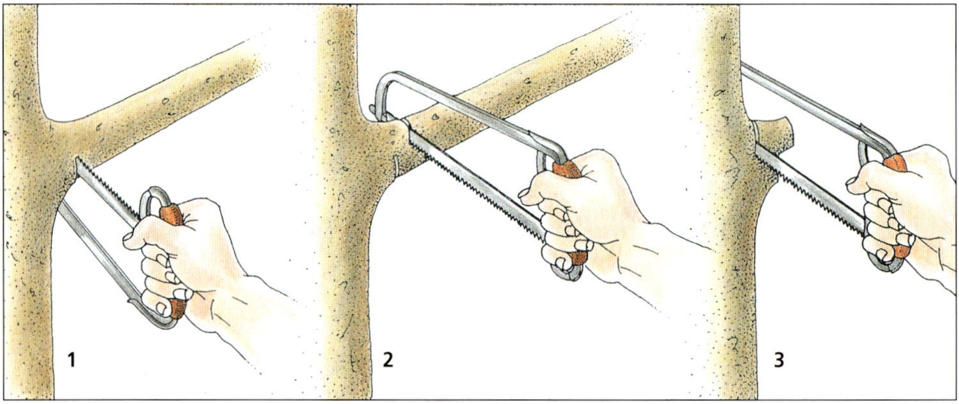

Schritt für Schritt gezeigt: So wird ein Ast abgesägt. 1. Von unten, am Astansatz, einsägen. 2. Ast ganz absägen 3. Stumpf ganz entfernen

AST-ABSÄGEN UND WUNDBEHANDLUNG

Stärkere Äste sind nicht nur bei den jährlichen Schnittmaßnahmen zu entfernen, sondern auch nach Schäden, z.B. durch Unwetter, Sturm, Schnee oder auch durch zu starken Fruchtbehang, bei dem es versäumt wurde, rechtzeitig den Ast abzustützen, usw.
Da abgebrochene Äste fast immer gesplittert sind, ist es sehr wichtig, die notwendigen Maßnahmen umgehend vorzunehmen, um dem Eindringen von Krankheiten und Schädlingen vorzubeugen. Selbstverständlich nimmt man nur einwandfreies, scharfes Werkzeug, das für solche Arbeiten geeignet ist, um weitere Verletzung auszuschließen. Äste sägt man möglichst glatt an der nächstgelegenen, stärkeren Verzweigung oder direkt am Stamm am Astring ab. Man geht bei dieser Arbeit Schritt für Schritt vor, um zu vermeiden, daß der abgesägte Ast durch sein Eigengewicht absplittert und eine größere Wunde verursacht oder die Rinde an den Rändern einreißt. Zuerst sägt man von der unteren Seite ungefähr ein Viertel bis ein Drittel des Astes an, um ihn dann von oben her bis zu der unteren Schnittstelle wie gewohnt abzusägen.
Der verbliebene Stummel kann dann an der gewünschten Stelle ohne weitere Verletzungsgefahr für den Baum leicht abgesägt werden. Man muß auch die Neigung der Schnittfläche beachten und Wulstränder vermeiden, damit sich kein fäulnisförderndes Wasser in der Wunde sammelt.
Wunden an Bäumen entstehen nicht nur durch Schnitt, auch durch die Behandlung von Krankheiten wie z.B. dem Obstbaumkrebs, durch Fraßschäden von Hasen, Mäusen, Rehen, und Frostrisse an Stamm oder Ästen entstehen sie. Prinzipiell gilt die Regel, daß Wunden mit einer glatten Oberfläche und einem unbeschädigten Wundrand am besten und schnellsten

TIP: Es ist darauf zu achten, daß unter keinen Umständen ein Aststummel stehen bleibt, da sich an einem solchen gerne Fäulnisherde bilden, die dann zu weiteren Infektionen führen können.

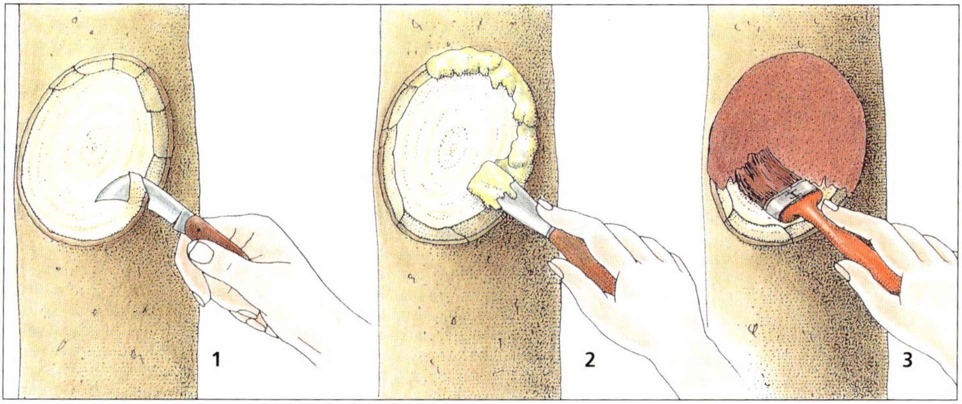

So werden abgesägte Wunden versorgt: 1. Ränder mit Hippe glattschneiden, 2. Wunde bis über ihren Rand dicht mit Wundverschlußmittel verstreichen.

verheilen. Daß sie möglichst klein gehalten werden sollten, versteht sich von selbst. Jede Wunde, die größer als ein 2-Mark-Stück ist, muß mit einem Wundverschlußmittel verstrichen werden, um ein sauberes, sicheres und rasches Verheilen zu gewährleisten. Befinden sich Wunden an exponierten Stellen oder besteht Gefahr, daß Fäulnis auftreten kann, so empfiehlt es sich, auch kleinere Wunden zu verstreichen. Bei unbefriedigendem Heilungsprozeß kann die Wundbehandlung wiederholt werden. Sind kranke oder faule Stellen zu entfernen, muß unbedingt bis ins gesunde Holz zurückgeschnitten werden. Keinesfalls dürfen kranke Stellen unbehandelt bleiben. Auch hier gilt wieder: sauberes und exaktes Arbeiten macht sich bezahlt. Sorgsame Kontrolle der Bäume auf Schadstellen und ihre umgehende Behandlung sind wichtig.

Vorbeugen kann man durch Beobachtung. Zeigen sich z.B. an im Rasen stehenden Bäumen Wunden in Bodennähe, so können diese durch Anstoßen mit dem Rasenmäher entstanden sein. Bißstellen oder Nagespuren werden durch Tiere verursacht; hier hilft das Bestreichen mit einem Vergällungsmittel oder das Anbringen einer Drahthose um den Baum. Nagestellen direkt über dem Boden, oft unter der Bodenabdeckung, weisen auf Mäuse hin. Gegen Frostrisse, die durch krasse Temperaturunterschiede entstehen, hilft ein Weißanstrich.

Eine gut verstrichene Wunde wird von Kambium überwachsen. Es bildet sich ein sauberer, glatter Wulst.

Die drei wichtigsten Kronenformen (v.l.n.r.): Pyramidenkrone, Dreiastkrone (für die Heckenerziehung) und Spindelkrone.

DIE KÖNIGSDISZIPLIN – ERZIEHUNG DER KRONENFORM

Stamm und Krone zusammen bilden einen Baum, weshalb die Bezeichnung Baumform immer den Stamm miteinbezieht, also Nieder-, Hoch-, Halbstamm usw. Jeder gepflanzte Baum bedarf einer Stütze und eventuell auch eines Wildverbißschutzes. Kleinere Baumformen behalten beide, während man bei Hoch- und Halbstämmen nach einigen Jahren darauf verzichten kann.

Der Baumschnitt gibt uns die Möglichkeit, die Baumkrone unter Berücksichtigung des jeweiligen art- und sorteneigenen Wuchscharakters nach unseren Bedürfnissen zu gestalten. Während Pyramiden- und Hohlkronen bei Apfel und Birne auf Hoch-, Halb- und Niederstamm üblich sind,

Frisch gepflanzter, noch ungeschnittener Hochstamm mit Dreibock und Verbißschutz.

wird man Kirschen mit Pyramidenkronen eher auf Niederstämmen finden, damit sie nicht zu hoch werden. Für die Erziehung von Hohlkronen bei Sauerkirschen, Pfirsichen, Nektarinen kommen sowohl Halb- als auch Niederstämme in Frage. Für die Tellerkrone bei Zwetschen wählt man einen Niederstamm.
Abhängig von der Art und Stärke des Schnitts entstehen die Kronenformen. Pyramiden-, Hohl- und Tellerkronen benötigen nach dem Erziehungsschnitt nur noch einen Überwachungsschnitt ohne größere Eingriffe. Bei Spindeln muß ein regelmäßiger Fruchtholzschnitt an kurzen Ästen, bei den Spalieren ein ständiger Fruchtholzschnitt an den Leitästen vorgenommen werden.

Pyramidenkrone
Die Pyramidenkrone, die sich für alle Obstarten und -sorten eignet und die man sowohl auf Nieder-, Halb- als auch Hochstämmen aufbauen kann, besteht aus einem Mitteltrieb, der senkrechten Fortsetzung des Stammes, und drei bis vier Leitästen, die gleichmäßig in unterschiedlicher Höhe um ihn verteilt sein sollen; sie dienen der Formierung der Krone. Oft muß man die Leitäste herunterbinden oder mit einem Sperrholz dafür Sorge tragen, daß sie im optimalen Winkel von 50° zum Mitteltrieb stehen. In Abständen von 50–80 cm werden an den Leitästen und am Mitteltrieb Fruchtäste gezogen, die immer den Leitästen bzw. der Mitte untergeordnet bleiben müssen.

Gleichmäßige Garnierung aller Seitenäste sowie des Mitteltriebes kennzeichnen die Pyramidenkrone.
Beim Pflanzschnitt kürzt man die Leitäste etwa um die Hälfte auf möglichst gleiche Länge ein. Der Mitteltrieb soll die Leitäste ca. 10–20 cm überragen. Man setzt die Leitäste auf eine triebunterseits stehende Knospe zurück, um so eine zu steil wachsende Triebverlängerung zu vermeiden, und stellt den Pflanzschnitt immer auf den schwächsten benötigten Trieb ab. Nicht benötigte Triebe werden an der Basis entfernt. Beim Erziehungsschnitt im Winter des 2. und 3. Standjahres paßt man sich wiederum dem schwächsten Leitast an. Haben sich überlange Triebverlängerungen gebildet,

Nach dem Pflanzschnitt: Konkurrenztrieb entfernt, Stammverlängerung und Leitäste gekürzt.

Pyramidenkrone beim Hochstamm, deren Leitäste durch Spreizhölzer in die richtige Stellung gebracht wurden.

Derselbe Baum wurde sehr stark zurückgeschnitten, da er im Vorjahr nur schwach gewachsen ist.

zeigt dies einen zu starken Rückschnitt an, verkahlen die Äste zur Mitte hin, so wurden diese zu lang gelassen.
Als Faustregel gilt: Mitteltrieb und Leitäste bis zu einem Drittel, höchstens jedoch um die Hälfte einkürzen. Man beläßt die an den Leitästen und am Mitteltrieb nach außen wachsenden gesunden Triebe mit Fruchtholz als sogenannte Fruchtäste mit einem Abstand von 50–70 cm, wobei der unterste nicht näher als 40 cm am Mitteltrieb stehen soll. Man schneidet die Fruchtäste so an, daß sie bis zur Spitze des Mitteltriebes einen pyramidalen Aufbau bilden. Überflüssige und an der Oberseite des Leitastes stehende Triebe entfernt man an der Basis, Kurztriebe bleiben unbeschnitten. Der Mitteltrieb wird jeweils auf ein dem Vorjahresschnitt entsprechend gegenständiges Auge zurückgenommen, um einen möglichst geraden Wuchs zu gewährleisten. Treibt der Baum sehr stark, so bricht man die sich an der Oberseite der Leittriebe nach der Schnittstelle befindlichen zwei bis drei Knospen aus. Ist der Austrieb nur schwach (bis 20 cm), so bringt man die Triebe nur in das nötige Gleichgewicht. Haben zu lang gelassene Treibe zu schwach ausgetrieben, wird in das letztjährige Holz zurückgeschnitten.

TIP: Zu beachten sind beim Schnitt auch arten- und sortentypischer Wuchscharakter, Standortverhältnisse, Bodenzustand etc.

Der Erhaltungsschnitt in den Folgejahren dient dazu, das Verhältnis der Leitäste und des Mitteltriebes zueinander im Gleichgewicht zu halten und die Stabilität der Krone zu gewährleisten. Die pyramidale Form der Krone muß bewahrt werden, um eine Überbauung und dadurch ein Verkahlen des Kroneninneren zu vermeiden. Die Verlängerung von Leittrieben und Mitteltrieb sollte immer aus der letztjährig angeschnittenen Knospe erfolgen. Hat diese nicht ausgetrieben, greift man auf den nächsten Konkurrenztrieb zurück und baut diesen auf. Wird er nicht benötigt, entfernt man ihn an der Basis. Erstrebenswert ist ein Baum mit ein- bis dreijährigem Fruchtholz.

Vierjährige Pyramidenkrone vor dem Schnitt. Man kann noch das Spreizholz vom vergangenen Jahr erkennen.

Derselbe Baum nach erfolgtem Winterschnitt. Die Krone wurde wiederum mit Spreizhölzern formiert.

Hohlkrone

Für licht- und sonnenbedürftige Obstarten wie Pfirsiche, Nektarinen, Aprikosen usw. empfiehlt sich die Hohlkrone. Bei einer Hohlkrone fehlt der Mitteltrieb; so kann mehr Licht und Sonne in das Kroneninnere gelangen, was auch dem Verkahlen entgegenwirkt. Aus diesem Grunde werden z.B. Sauerkirschen mit einer Hohlkrone erzogen. Die Erziehung der Hohl-

Tellerkrone bei Zwetschen. Die Leitäste sind heruntergebunden und die Mitte ist deutlich untergeordnet.

krone kann auf zwei Arten erfolgen. Entweder man baut die Krone von Anfang an ohne Mitte nur mit Leitästen auf, oder man erzieht die ersten fünf bis sechs Jahre eine Pyramidenkrone, bei der dann der Mitteltrieb entfernt wird. Nicht geeignet ist die Hohlkrone, wenn die Leitäste ohne Mitte zu steil wachsen, wie z.B. bei der Süßkirsche. Die Hohlkrone ist auch eine Notlösung beim Verjüngen vergreister Pyramidenkronen.

Tellerkrone

Sie ist quasi eine sehr flache Pyramidenkrone. Die Mitte wird beim Pflanzschnitt sehr stark zurückgeschnitten, während die Leitäste nur waagerecht gebunden werden. In den Folgejahren wird die Krone aus rund sechs bis acht gut verteilten Leitästen aufgebaut unter jährlicher starker Zurücknahme des Mitteltriebes. Diese Kronenform empfiehlt sich besonders für mittel- bis starkwachsende Zwetschenbäume. Zu beachten ist dabei, daß sich die flachen Leitäste unter dem Gewicht der Früchte nicht zu weit auf den Boden neigen. Dazu kann man nötigenfalls die Zweige abstützen.

Hohlkrone bei einem älteren Sauerkirschenbaum. Deutlich zu erkennen ist die Schnittstelle des herausgenommenen Mitteltriebes.

Eine Spindel erinnert im Umriß stark an einen Tannenbaum.

Die sich nach oben verjüngende Form der Spindel bewirkt eine optimale Belichtung der gesamten Krone.

Spindelkrone

Mit ihrer unteren Breite von ca. 2,50 m und einer Höhe von 2,50-3,00 m erinnert sie stark an den Wuchs eines Tannenbaumes. Die Schlanke Spindel, eine besondere Form der Spindel, erhält den gleichen Aufbau bei einem maximalen Durchmesser von nur 1,20 bis 1,50 m und einer Höhe von nicht über 2,50 m. Pflanzt man ein- oder zweijährige Veredlungen mit vorzeitigen Verzweigungen, wird zum Aufbau nur die Mitte 20 cm über der letzten Verzweigung angeschnitten. Fruchtäste beläßt man ab einer Stammhöhe von ca. 50 cm. Verzweigungen, die länger als 30 cm sind, werden auf dieses Maß zurückgenommen, zu steil stehende waagerecht gebunden und überflüssige an der Basis entfernt. Sind keine Verzweigungen vorhanden, so schneidet man auf ca. 1 m Höhe. Aus den unter der Schnittstelle befindlichen Knospen treiben dann die notwendigen Verzweigungen aus. Im folgenden Winter wird in der Regel die Mittelachse nur mehr angeschnitten und auf einen kürzeren Konkurrenztrieb abgeleitet, wenn sie zu stark gewachsen ist oder man die Bildung von Seitentrieben fördern will. Zu lange Seitentriebe schneidet man immer bis auf eine an der Triebunterseite stehende Knospe zurück.

Im oberen Bereich zu breit gewordene Apfelspindel (Überbauung).

Stark überbaute Apfelspindel. Es kann nicht genügend Licht ins Innere des Baumes gelangen, so daß die Fruchtausbildung mangelhaft bleibt.

Ab der gewollten Größe wird nur noch abgetragenes Fruchtholz entfernt und gegebenenfalls ausgelichtet. Am zwei- und dreijährigen Holz bilden sich die besten Früchte, daher sollte man immer für einen genügenden Anteil von Fruchtholz dieses Alters sorgen. Ist ein Einkürzen der Mittelachse erforderlich, so nimmt man diese auf einen seitlichen, gut mit Blütenknospen besetzten Fruchtast zurück.

Gut gewachsene Spindelbäume in einer Apfelplantage.

Spalierformen

Für ein Spalier an einer Wand eignen sich besonders die wärmebedürftigen Birnen, Aprikosen, Pfirsiche, Nektarinen und Sauerkirschen, aber auch Kiwi, Süßkirschen jedoch nicht. Vor der Pflanzung muß das meist aus Holzlatten und Draht angefertigte, möglichst der später gewünschten Baumform entsprechende Gerüst gut an der Hauswand verankert sein. Ein Spalier erfordert viel Schnitt- und Pflegeaufwand. Dabei kommt dem Sommerschnitt des Fruchtholzes eine sehr große Bedeutung zu, denn laufend müssen entstehende Wasserschosse entfernt werden. Entstehen die Wasserschosse an Stellen mit guter Garnierung, werden sie an der Basis entfernt, entwickeln sie sich an Stellen, die zu verkahlen drohen, schneidet man sie auf kurze Stummel, damit sich aus diesen wieder Fruchtholz entwickelt.

Beim Aufbau des Spalierbaumes muß man berücksichtigen, daß zu schwacher Rückschnitt der Verlängerungstriebe bei nur schwacher Triebleistung zu Verkahlungen führt, zu starker Rückschnitt dagegen einen zu steilen und zu starken Austrieb der Seitentriebe hervorruft. Deshalb wird stets die Knospe, die unterhalb der Schnittstelle geblendet.

Steilere und kräftigere Seitentriebe, die man für den Aufbau benötigt, werden waagerecht gebunden. Entfernt werden alle Triebe, die von der Wand weg oder auf die Wand zu wachsen. Bei einem kurzen Fruchtholzschnitt werden die parallel zur Wand stehenden Seitentriebe laufend eingekürzt, bis Fruchtholz entsteht. Beim weniger arbeitsaufwendigen langen Fruchtholzschnitt be-

Imposantes Birnenspalier verbindet Schönheit mit Nutzen.

Wird ein Spalier im Schnitt einige Jahre vernachlässigt, so beginnt sofort eine Überbauung der Krone, wie an den beiden rechten Spalieren deutlich zu sehen ist.

schränkt sich der Unterhaltungsschnitt auf ein regelmäßiges Erneuern des Fruchtholzes.
Ein **Kordon** besteht aus mehreren, im Abstand von etwa 60 cm stehenden Bäumen, die bei der Pflanzung keine Verzweigungen aufweisen sollen. Steinobst ist hierfür ungeeignet. Man schneidet nach den Regeln des kurzen Fruchtholzschnittes. Der bis zu 2,5 bis 3 m hohe **Senkrechte Kordon** wird gerade hochgezogen, während beim **Waagerechten Kordon** die Triebe in die Waagerechte geheftet werden, wobei die Triebspitze immer nach oben weisen muß. Stärkere, nicht zum Aufbau benötigte Seitentriebe werden entfernt. Beim **Schrägen Kordon** werden die Bäume ab einer Höhe von 50 cm schräg geheftet. Die an der Oberseite des Stammes entstehenden kräftigen Triebe werden beim Sommerschnitt entfernt. Die **U-Form** besteht aus zwei senkrechten Kordons im Abstand von 0,50 bis 1 m aus einem Baumstamm. Werden vier Leitäste auf einer Ebene hochgezogen, spricht man von einer doppelten U-Form. Die Schnittstellen an den Leitästen sollten in Richtung Wand weisen, um von vorn einen glatten Wuchs zu erreichen. Mehrere übereinander stehende U-Formen bezeichnet man als **Verrier-Palmette.** Die Leitäste werden waagerecht bis zur gewünschten Länge gezogen und dann in die Senkrechte gestellt, wobei für jeden Ast der gleiche Abstand gehalten werden muß. Das unterste Astpaar muß bereits in der Senkrechten stehen, bevor das folgende gezogen wird.
Wird das **Fächerspalier** ohne Mitteltrieb geformt, verteilt sich das Wachstum gleichmäßig über den ganzen Fächer, der nach Erreichen von zwei Drittel der Höhe geformt wird. Man praktiziert hierbei den langen Fruchtholzschnitt. Das Fächerspalier eignet sich im besonderen Maße für Aprikosen, Pfirsiche, Sauerkirschen.

Das für ein Spalier zu lange Fruchtholz muß entfernt werden (kurzer Fruchtholzschnitt).

Nach dem kurzen Fruchtholzschnitt.

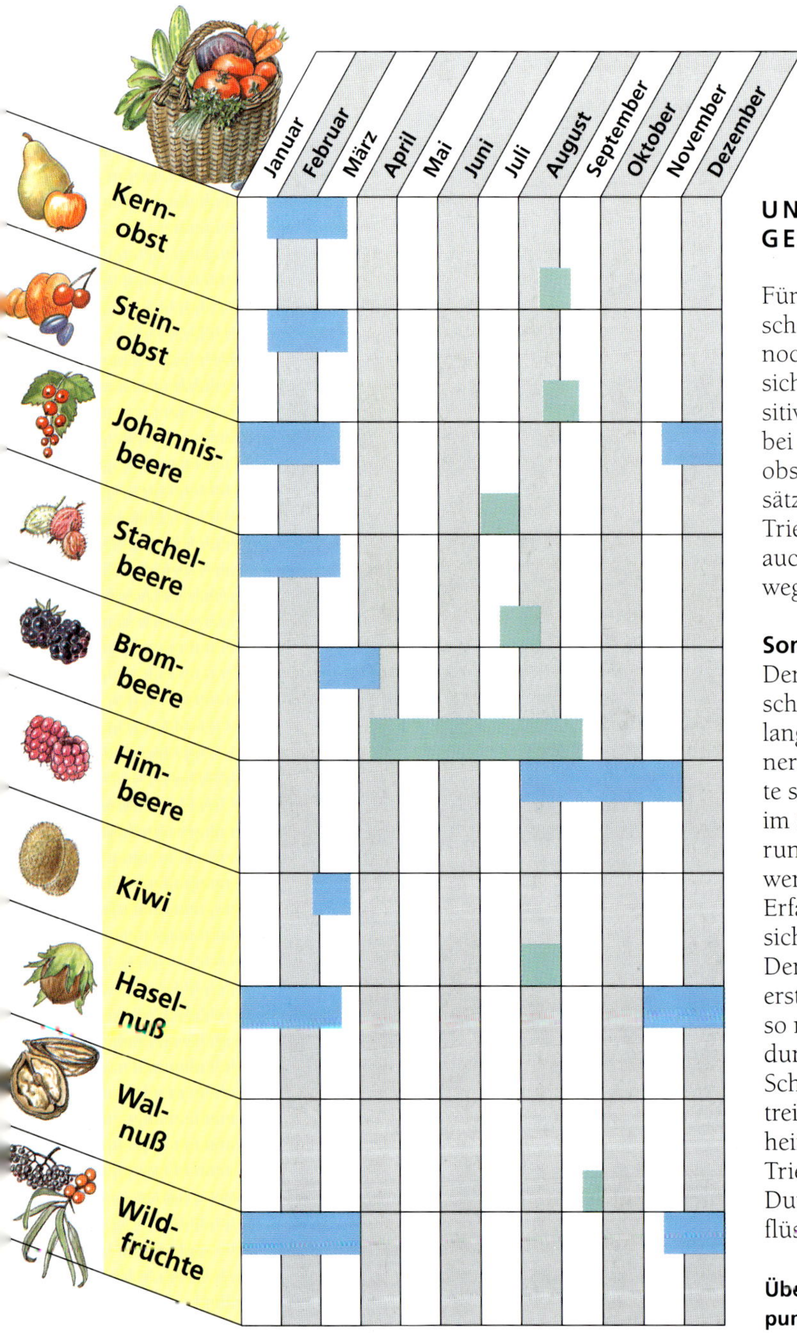

UND WANN WIRD GESCHNITTEN?

Für alle Obstbäume, ob sie schon abgeerntet sind oder noch Früchte tragen, wirkt sich der Sommerschnitt positiv aus. Er wird sowohl bei Stein- wie auch Kernobst durchgeführt. Grundsätzlich werden nur solche Triebe entfernt, die man auch beim Winterschnitt wegschneiden würde.

Sommerschnitt

Der heute übliche Sommerschnitt ist eigentlich schon lange bekannt, denn bei einer Spaliererziehung mußte schon immer mehrmals im Sommer ein Formierungsschnitt vorgenommen werden. Diese langjährigen Erfahrungen macht man sich heute zunutze.

Der Sommerschnitt darf erst nach Triebabschluß, also nicht vor Mitte August, durchgeführt werden. Schneidet man zu früh, so treibt der Baum durch, das heißt, er bildet nochmals Triebe aus.

Durch das Entfernen überflüssiger und für den Kro-

Übersichtstabelle Schnittzeitpunkte

nenaufbau nicht benötigter Triebe hilft man dem Baum, da den verbleibenden Teilen der Nährstoffstrom, der ja in gleichem Maße vorhanden bleibt, nunmehr in vollem Umfang zur Verfügung steht.

Von dem erhöhten Nährstoffangebot profitieren die Früchte, deren Größe dadurch gefördert wird.

Durch die Auflockerung der Krone und dem damit verbesserten Licht- und Sonneneinfall wird auch die Fruchtausfärbung wesentlich verbessert. Die reichlich vorhandenen Nährstoffe im Baum fördern zudem die Ausbildung von Blütenknospen, wodurch auch das Triebwachstum gebremst wird. Dies wiederum erspart Schnittarbeiten.

Die wärmebedürftige Birne fühlt sich an einer Hauswand am Spalier wohl.

Entfernt werden Triebe, die steil nach oben oder in das Kroneninnere wachsen, ferner solche, die fruchttragende Äste überbauen und somit beschatten. Werden diese Triebe zum Aufbau von Fruchtholz benötigt, so kürzt man auf die hinterste Blattrosette oder, beim Fehlen derselben, auf ca. drei voll ausgebildete Blätter ein. Aus den Augen bei diesen Blättern entwickeln sich dann Kurztriebe mit Blütenknospen.

Obwohl die Blätter im Kroneninneren durch die Vermehrte Licht- und Sonneneinstrahlung in ihrer Funktion gefördert werden und besser assimilieren, d.h. Kohlendioxid und Wasser durch Sonnenlicht zu energiereichem Zucker und Sauerstoff umwandeln, sollte doch auf ein ausgewogenes Blatt-Frucht-Verhältnis geachtet werden.

Verbindet man den Sommerschnitt mit dem Waagerechtbinden, so erkennt man leichter, welche Schnittmaßnahmen wo und in welchem Umfang vorzunehmen sind. Selbstverständlich werden alle dürren, kranken oder abgebrochenen Zweige entfernt und auch beschädigte Früchte ausgepflückt.

Neu gepflanzte Bäume werden keinem Sommerschnitt unterzogen, da jedes Blatt zum Aufbau von Wurzeln und Holz hilfreich ist. Im zweiten Standjahr kann man dann behutsam mit dem Sommerschnitt beginnen.

Verjüngungsschnitt bei Apfelhochstämmen. Bei Bäumen, die längere Zeit nicht geschnitten wurden, ist ein starker Eingriff notwendig.

Winterschnitt

Ein starker Winterschnitt hat einen kräftigen Neutrieb zur Folge, der auf Kosten der Anlage von Blütenknospen geht. Er dient in erster Linie der Pflege des Fruchtholzes. Ist aber das Entfernen stärkerer Astpartien notwendig geworden, geschieht das im Winter. Beim Winterschnitt wird abgetragenes Fruchtholz entfernt. Haben sich Astpartien an den Enden sehr stark nach unten gebogen, so leitet man sie auf einen waagerecht stehenden, sich möglichst am Scheitelpunkt befindlichen Trieb auf. Ebenfalls entfernt werden alle in das Kroneninnere wachsenden Triebe und solche, die tieferliegende überbauen.

Um ein Verkahlen des Kroneninneren zu vermeiden, muß man darauf achten, daß auch dort immer wieder Jungtriebe aufgebaut werden, während man die am Außenrand der Baumkrone sich willig ausbildenden Triebe nicht zu dicht werden läßt. Dabei kürzt man nicht alle etwas ein, sondern entfernt einzelne an der Basis, während andere ungeschnitten stehen bleiben.

Der Schnitt richtet sich immer nach der vorgegebenen Baumform. Ihre typische Form, ihr Aufbau, werden unterstützt und ausgebaut. Bei Spindelbäumen legt man besonderes Augenmerk darauf, daß keine Leitäste herangezogen werden, sondern man beschränkt sich hier auf das Entfernen abgetragenen Fruchtholzes und das Auslichten.

Haben sich nach dem Sommerschnitt trotz aller Vorsicht nochmals kräftige Triebe entwickelt, so werden diese im Winter auf bereits vorhandenes Fruchtholz abgeleitet oder, wenn dies fehlt, eingekürzt. Haben sich zu lange Fruchtholztriebe entwickelt, so werden sie auf eine Länge von ca. 15-20 cm zurückgeschnitten, wobei der Rückschnitt immer auf eine gut entwickelte Blütenknospe erfolgen soll.

Beim Winterschnitt sind besonders gut Ast- und Zweigstellen zu erkennen, die sich bei Wind aneinander oder an Gebäuden, Mauern oder benachbarten Obst- und Ziergehölzen reiben. Es entstehen dadurch immer wieder Rindenwunden, durch die Krankheiten

Bei Schnittmaßnahmen im Winter 'bluten' Walnußbäume sehr stark. Am besten schneidet man sie im September.

Der einsetzenden Vergreisung älterer Bäume muß mit einem kräftigen Rückschnitt entgegengewirkt werden.

Eingang finden. Durch entsprechende Maßnahmen oder Rückschnitt wird man hier Abhilfe schaffen.
Hat man im Frühjahr Äste und Zweige waagerecht gebunden oder mittels eines Sperrholzes in die richtige Lage gebracht, so können Schnüre und Spreizholz beim Winterschnitt in aller Regel wieder entfernt werden. Zu beachten ist, daß alle Wunden, die größer als ein 2-DM-Stück sind, mit Baumwachs behandelt werden sollten. Es hilft dem Baum beim Wundverschluß.

TIP: Zu beachten ist weiterhin, daß Schnittmaßnahmen keinesfalls bei Temperaturen unter -8 °C durchgeführt werden dürfen, da sonst Frostschäden an den Schnittstellen entstehen können.

Ein regelmäßig geschnittener Baum bleibt sehr vital bis ins hohe Alter.

Dieser zum Veredeln sehr stark zurückgeschnittene Baum wird mit extremem Wachstum reagieren und vielen Wasserschossen.

Verjüngungsschnitt

Werden Bäume nicht regelmäßig geschnitten und gepflegt, so vergreisen sie vorzeitig. Das heißt, die Zeitspanne, in der sie uns mit Qualitätsfrüchten erfreuen, verkürzt sich, sie verkahlen von innen heraus, die Kronenform verändert sich, kurz: der Baum verwildert und stirbt vorzeitig ab.

Hier hilft der Verjüngungsschnitt. Er dient dem teilweisen Neuaufbau des Baumes, durch den Schnitt wird der Baum zur Bildung neuer Triebe angeregt, er verjüngt sich. Diese Eigenschaft kann man sich auch bei überbauten und verkahlten Kronen, bei Hagel- oder Frostschäden oder älteren Bäumen, die umgepflanzt wurden, zunutze machen.

Der Verjüngungsschnitt kann bei allen Obstarten durchgeführt werden. Er wird in der Regel während der Vegetationsruhe im Winter durchgeführt, lediglich bei Aprikosen, Pfirsichen, Süß- und Sauerkirschen empfiehlt sich ein Schnitt nach der Ernte.

Sind größere Eingriffe nötig, so kann die Arbeit auf zwei oder drei Jahre verteilt werden.

Man beginnt, falls dies notwendig ist, mit dem Entfernen eines oder mehrerer Leitäste, wenn diese sich zu

Ein lange nicht geschnittener Baum mit schlechter Belichtung im unteren Kronenbereich und hohem Anteil an Totholz.

Ein ebenfalls lange nicht geschnittener Baum nach dem Verjüngungsschnitt. Die Sonne kann wieder bis ins Innere des Baumes eindringen.

stark gesenkt haben und von jungen, kräftigen Ästen überbaut werden. Man wird, wie beim Kronenaufbau, auf gut verteilte, kräftige und gesunde Äste aufleiten und diese zu neuen Leitästen aufbauen. Die Stammverlängerung wird wie beim Aufbau einer Pyramidenkrone im Verhältnis zu den Leitästen zurückgenommen. Wo keine Möglichkeit mehr besteht, die Mitte zu verjüngen, entfernt man sie ganz und erzieht eine Hohlkrone. Gleichzeitig muß eine Verjüngung des Fruchtholzes vorgenommen werden. Langes Fruchtholz wird auf die gewünschte Länge eingekürzt, überflüssige, zu dicht stehende Triebe an der Basis entfernt, ebenso wie alle nach innen in die Krone weisenden Äste und Zweige. Nach unten abgesenkte Triebe nimmt man bis zu dem an der Oberseite entwickelten Konkurrenztrieb zurück, baut mit ihm neues Fruchtholz auf. Schlafende Augen sind vor allem an Astringen angelegte Augen, die oft erst nach Jahren durch einen besonderen Reiz, wie hier der Schnitt, austreiben. Adventivknospen sind Knospen, die bei sehr starkem Rückschnitt aus dem Kambium gebildet werden können. Es versteht sich von selbst, daß auch hier größere Wunden unbedingt mit Wundverschlußmittel behandelt werden müssen. Der Baum zeigt den Erfolg der Maßnahme durch den Austrieb zahlreicher neuer Triebe im Kronenbereich an. Dieser Neuzuwachs wird entweder schon im folgenden Sommer, auf jeden Fall aber im kommenden Winter, einem Erziehungsschnitt unterzogen, der sich je nach Obstart über zwei bis drei Jahre erstrecken kann. Anschließend wird der Baum jährlich sorgsam und konsequent geschnitten. Auf diese Weise kann der Alterungsprozeß über Jahre hinausgezögert werden.

TIP: Man kann gefahrlos Äste einkürzen und absägen, denn als Folge dieser Maßnahme entwickeln sich aus den sogenannten schlafenden Augen und Adventivknospen, die sich hinter der Schnittstelle befinden, neue Triebe.

Häufiges (kleines Bild) und weniger häufiges (großes Bild) Beerenobst im Garten.

Johannisbeeren sind erfrischende und vielseitig verwendbare Früchte.

Gut ausgedünnt bringen Pfirsiche schöne und große Früchte.

Brombeeren bringen bis in den Herbst hinein wohlschmeckende Früchte.

Himbeeren sind köstliche Früchte, die besonders zum Naschen verleiten.

Spezieller Schnitt einzelner Obstarten

Jede Art ein Fall für sich

Jedes Obstgehölz verlangt den etwas anderen Schnitt. Das will gelernt, aber auch an der Pflanze geübt sein. Hier steht, wie's richtig gemacht wird.

SO WIRD KERNOBST GESCHNITTEN

Buschbäume eignen sich gut für kleinere Grundstücke.

Apfelbäume

Will man das Triebwachstum eines Baumes anregen, erfolgt folgerichtig ein Winterschnitt, während man zu triebige Bäume im Sommer schneiden wird. Dem Sommerschnitt folgt ein deutlich verringertes Wachstum. Für eine <u>Spindelkrone</u> eignen sich schwachwüchsige Unterlagen am besten, da hier mit geringen Schnittarbeiten leichter die gewünschte Größe erreicht wird. Man beginnt in 50 cm Stammhöhe mit dem Aufbau der Fruchtäste, alle tiefer befindlichen Verzweigungen werden an der Basis entfernt.

Rückschnitt im 2. Standjahr: Zuerst werden alle Konkurrenztriebe der Leitäste und nach innen wachsende Triebe entfernt, im zweiten Schritt werden die Leitäste eingekürzt. Man orientiert sich dabei an dem schwächsten Ast.

TIP: Wichtig ist ein konsequenter Aufbau von Fruchtholz. Zu steil stehenden Triebe werden in die Waagerechte gebunden, überzählige Triebe beim Sommerschnitt an der Basis entfernt, zu lange auf eine triebunterseits stehende Knospe zurückgeschnitten.

Bei Erreichen der gewünschten Baumgröße beschränkt sich der Schnitt auf das Entfernen abgetragener Triebe und das Auslichten, wobei für eine ständige Fruchtholzerneuerung zu sorgen ist, da Äpfel sich am zwei- und dreijährigen Holz am besten entwickeln.
Eine Pyramidenkrone wird man vorzugsweise beim Nieder-, Halb- oder Hochstamm auf stärker- oder starkwachsenden Unterlagen erziehen. Für die Bildung einer naturnahen, schönen Krone ist der Pflanzschnitt von besonderer Bedeutung. Dabei werden der Mitteltrieb und die drei bis vier für Leitäste vorgesehenen Seitentriebe um die Hälfte bis zu einem Drittel eingekürzt, wobei der Mitteltrieb die Leitäste um etwa 15 cm überragen sollte. In den Folgejahren baut man an den Leitästen in etwa 50 cm Abstand Fruchtäste auf und entfernt überflüssige Konkurrenztriebe und nicht benötigte, steil aufrecht wachsende Triebe. An den mehrere Jahre dauernden Kronenaufbau schließt sich ein regelmäßiger Überwachungsschnitt an, bei dem nach unten hängendes sowie älter als dreijähriges Fruchtholz auf einen entsprechenden Trieb aufgeleitet oder entfernt wird.

Kranke, von Krebs befallene Stellen müssen bis ins gesunde Holz ausgeschnitten werden.

Schöne Äpfel als Lohn für die Arbeit übers Jahr.

Eine Hecke am Drahtgerüst mit Zwei- oder Dreiastkronen erzieht man mit zwei Leitästen ohne Mitte bzw. zwei Leitästen mit Mittelstamm. Beim Aufbau ist darauf zu achten, daß möglichst gleichstarke seitliche Verzweigungen an beiden sich gegenüberliegenden Seiten des Mitteltriebes als Leitäste aufgebaut werden; diese müssen parallel zum Gerüst stehen. Der Mitteltrieb bei der Dreiastkrone muß in den ersten Jahren immer etwas kürzer sein als die Leitäste. Weitere Schnittmaßnahmen wie bei der Pyramidenkrone.

Birnbäume

Sie tragen am zweijährigen, kurzen Holz, setzen aber auch an steil nach oben wachsenden Trieben Blüten an. Durch die Entwicklung langer, steil wachsender Triebe kann es zur Überbauung der Krone kommen. Hier hilft nur ein konsequenter Schnitt, wobei man eventuell sogar stärkere Äste herausnehmen muß.

Für die Spindel nimmt man als Unterlage die schwachwachsende 'Quitte'. Nach der Pflanzung schneidet man die Mitte etwa 50 cm über den geplanten Fruchtästen an, diese werden um ein Drittel bis zur Hälfte eingekürzt und, falls nötig, waagerecht gebunden.
Beim ersten Winterschnitt kürzt man den Mitteltrieb je nach erreichter Länge um ein Drittel bis zur Hälfte ein. Gut mit Knospen garnierte Fruchtäste werden nicht angeschnitten. Will man die Triebbildung anregen, werden die Äste leicht eingekürzt. Die weitere Erziehung der Birnenspindel entspricht der Apfelspindel.
Die Erziehung einer Pyramidenkrone bei der Birne entspricht der des Apfelbaumes (siehe S. 37).
Dreiastkronen erzieht man mit einem Mitteltrieb und zwei seitlichen Leittrieben, die in einem Winkel von etwa 60° am besten mit Bast an das Gerüst geheftet werden.
Nach der Pflanzung werden die zwei als Leitäste vorgesehenen und sich am Mitteltrieb gegenüberliegenden Triebe bis auf 50 cm zurückgeschnitten,

Bei zu starkem Rückschnitt bilden sich auch bei Birnen zahlreiche Wasserschosse.

Große Birnenspindel, Triebwachstum und Ertrag halten sich die Waage. Der Baum ist in einem guten physiologischen Gleichgewicht.

TIP: Da Birnen sehr wärmebedürftig sind, hat sich bei größeren Bäumen besonders die Erziehung als Hecke mit einer Dreiastkrone bewährt.

der Mitteltrieb bleibt länger, wird aber auch um etwa die Hälfte bis zwei Drittel zurückgenommen. Die übrigen Äste werden an der Basis entfernt. Beim ersten Winterschnitt nimmt man die Leitäste nochmals um die Hälfte zurück und kürzt auch die Mitte ein, damit sich in einer Stammhöhe von etwa 1,10 m zwei weitere Fruchtäste bilden können, die in den Folgejahren parallel zu den unteren Leitästen erzogen werden. Bilden sich an den Leitästen starke Triebe, werden diese entweder ganz entfernt oder, falls die Garnierung unzureichend ist, auf ein oder zwei Knospen zurückgeschnitten. Schwache Triebe läßt man stehen. Man hält die Bäume schmal und sorgt laufend für Fruchtholzerneuerung.

QUITTEN RICHTIG SCHNEIDEN

Quitten erzieht man auf einer Stammhöhe von 50–60 cm als Buschbaum entweder mit einer Hohlkrone oder einer breiten Pyramidenkrone mit jeweils drei bis vier Leitästen. Der Pflanzschnitt erfolgt wie beim Apfel. Als Leittriebe wählt man drei bis vier rund um die Mitte in unterschiedlicher Höhe stehende Seitentriebe aus, die um etwa ein Drittel auf ein an der Triebunterseite befindliches Auge eingekürzt werden. Der Aufbauschnitt erfolgt wie beim Apfel. Hat sich die gewünschte Krone gebildet, reicht ein gelegentliches Auslichten und etwa alle fünf Jahre ein Verjüngungsschnitt, bei dem durch einen Rückschnitt ins mehrjährige Holz der Baum zu neuem Austrieb angeregt wird.

Birnenquitten

Auslichtungsschnitt bei der Birne. Um genügend Licht und Luft ins Innere des Baumes gelangen zu lassen, müssen zu dichte Kronen ausgelichtet werden.

SO WIRD STEINOBST GESCHNITTEN

Sauerkirschen
Sie haben zwei Schnittgruppen: a) trägt hauptsächlich am einjährigen Holz, zunehmend hängender Wuchs, verkahlt leicht, b) trägt am zwei- und dreijährigen Holz und wächst deutlich aufrechter. Zu a) gehört die 'Schattenmorelle', zur zweitgenannten Sortengruppe 'Morellenfeuer', 'Rubinweichsel', 'Favorit'. Man entscheidet sich vorzugsweise für niederstämmige Bäume, die Stammhöhe sollte 60–70 cm keinesfalls überschreiten, man erzieht die Krone als Pyramiden- oder Hohlkrone. Für den Aufbau einer Pyramidenkrone wählt man drei bis vier nicht zu steil stehende Leitäste aus, damit die Krone nicht zu dicht wird. Man schneidet die Stammverlängerung an und kürzt die ausgewählten Triebe um die Hälfte auf eine nach außen zeigende Knospe ein. Alle anderen Verzweigungen werden an der Basis entfernt. Sowohl die Leitäste wie der Mittel-

Die bei Schattenmorellen häufigen, sogenannten Peitschentriebe, müssen auf einjährige Triebe aufgeleitet werden.

Sauerkirsche mit langen, abgetragenen Trieben (Peitschentrieben).

Derselbe Ast nach Entfernen der Peitschentriebe. Es verbleiben nur ein- und zweijährige Fruchttriebe.

trieb werden jedes Jahr zur Förderung der Triebneubildung leicht angeschnitten. Nach fünf bis sechs Jahren ist die Krone aufgebaut und man kann sich auf den Erhaltungsschnitt beschränken.
Entscheidet man sich für eine Hohlkrone, wird der Mitteltrieb nach Abschluß des Kronenaufbaus entfernt. Damit werden der Lichteinfall in die Krone verbessert und die Pflege- und Erntearbeiten wesentlich erleichtert. Diese Maßnahme bewirkt aber auch eine starke Neutriebbildung, die man durch Schnittmaßnahmen, wie Ableiten überflüssiger Verzweigungen, zur Bildung einer ausladenden Kronenform verwendet.
Nach der Ernte entfernt man beim Auslichtungsschnitt die ins Kroneninnere wachsenden Triebe.
Die oft nur sehr dünnen Fruchttriebe sollten nach spätestens zwei Jahren an der Basis entfernt werden, da sie sonst verkahlen und stark überhängen. Besonders die Sorte 'Schattenmorelle' bildet häufig diese sogenannten Peitschentriebe, die entweder weggeschnitten oder auf einjährige Triebe aufgeleitet werden.
Bei älteren Bäumen kann in der Winterruhe ein stärkerer Rückschnitt erfolgen, um den Baum zum Durchtrieb anzuregen. Verkahlte Äste können bis zu einem Drittel ihrer Länge eingekürzt werden. Entfernt werden auch stark hängende Triebe bis zu einer geeigneten Verzweigung oder bis zur Stammbasis.
Beim Auftreten der Pilzerkrankung Monilia müssen alle absterbenden Äste schon nach der Blüte ohne Rücksicht auf die Kronenform entfernt werden, um ein Weitergehen der Krankheit zu verhindern.

Sauerkirschenbaum nach erfolgtem Schnitt.

Wenig geschnittener Baum. Deutlich ist die Verkahlung zu sehen, da 'Schattenmorelle' nur am einjährigen Holz blüht.

TIP: Sauerkirschen eignen sich auch gut zur Erziehung am Fächerspalier. Jedoch sind Südwände mit voller Sonneneinstrahlung nicht als Standort geeignet, obwohl sie Sonne brauchen, um wohlschmeckende Früchte auszubilden. Sie lieben einen luftigen Platz mit ausreichender Feuchtigkeit.

Süßkirschen

Wegen ihrer frühen Blüte im Frühjahr sind sie durch Fröste gefährdet, man sollte sie unbedingt an einen warmen, sonnigen Platz in einen nicht zu schweren und feuchten Boden pflanzen; bei leichten Böden ist auf ausreichende Feuchtigkeit und Nährstoffversorgung zu achten.

Da fast alle Süßkirschensorten selbst unfruchtbar sind und auf den Blütenstaub anderer Sorten angewiesen sind, sollte man immer verschiedene Sorten pflanzen. Falls dies aus Platzmangel im Garten nicht möglich ist, veredelt man auf den vorhandenen Baum eine Befruchtersorte auf.

In Baumschulen werden seit einiger Zeit auch Süßkirschenbäume auf schwachwachsenden Unterlagen wie 'Colt', 'Weiroot', 'GM61/1' u.a. angeboten.

Süßkirschenbäume erzieht man mit einer Pyramidenkrone. Sie werden nach der Ernte im August oder September im belaubten Zustand geschnitten. Der Kronenaufbau entspricht den Regeln des Kernobstes und wird wie beim Apfel durchgeführt (siehe S. 37).

Die Süßkirsche bildet die Blütenknospen hauptsächlich am zwei- und dreijährigen Holz an bukettartigen Trieben aus, während sich an einjährigen Trieben meist nur Blattknospen befinden. Bei unzureichender Belichtung verkahlen diese Bukettriebe, wodurch die Äste vergreisen. Dies muß durch regelmäßige, jährliche Schnittmaßnahmen verhindert werden.

Die sich bei der Süßkirsche am Jahrestrieb aus den oberen Augen entwickelnden Triebe werden dabei entfernt, um so einen geordneten Gerüstaufbau zu gewährleisten. Zu starke Endverzweigungen an den

Neu: Schwachwachsende Süßkirschenbüsche, die deutlich kleiner bleiben als herkömmliche Kirschbäume.

Leitästen werden ebenso entfernt wie verkahlte, nach unten wachsende Fruchtzweige. Über die Förderung des Neutriebes bewirkt man wie beim Kernobst eine Fruchtholzbildung.
Um eine ausreichende Triebbildung bei Kirschen auf schwachwachsenden Unterlagen zu erreichen, schneidet man Stammverlängerung und Leitäste leicht an. Hier führt man den Schnitt bis zum Erreichen der gewünschten Baumgröße im Winter durch; anschließend wird nach der Ernte geschnitten. Falls einjährige Triebe entfernt werden müssen, schneidet man sie bis auf wenige Blattknospen zurück, da von diesen bei Bedarf seitliche Triebe erzogen werden können.
Beim Auslichten älterer Bäume werden alle nach innen gewachsenen stärkeren Seitenäste entfernt, ebenso wie überbautes Fruchtholz. In den Folgejahren muß konsequent der übliche Auslichtungsschnitt durchgeführt werden, um Licht in den Baum zu lassen.

TIP: Bei Süßkirschen auf schwachwachsenden Unterlagen muß man vor allem auf eine genügende Ausbildung neuer Triebe achten.

Gut gepflegter Süßkirschenbaum mit waagerechten Leitästen und vollem Fruchtbehang.

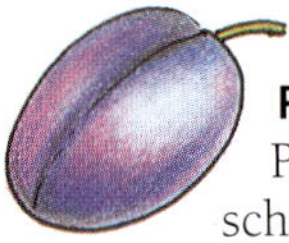

Pflaume & Co.

Pflaume, Zwetsche, Mirabelle und Reneklode kann man wegen enger Verwandtschaft zusammenfassen. Auch bei ihnen werden schon schwächerwachsende Unterlagen wie 'INRA 655/2' u.a. angeboten, die die Erziehung kleinerer Bäume ermöglichen.

Pflaumen entwickeln Blütenknospen in erster Linie an kurzen Trieben am zwei- oder dreijährigen Holz. Langtriebe sind fast ausschließlich mit Blattknospen besetzt.

Beim Aufbau einer Pyramidenkrone schneidet man die Leitäste und Stammverlängerung in den ersten drei bis vier Jahren an, bevor man zum Pflegeschnitt, später ggf. zum Verjüngungsschnitt übergeht, die wie beim Kernobst durchgeführt werden.

Bei einer Tellerkrone soll die Stammhöhe unter einem Meter liegen und die Baumhöhe höchstens 3 m erreichen. Der Mitteltrieb wird bei der Pflanzung auf ca. 1,20 m angeschnitten, drei bis vier als Leitäste vorgesehene Triebe bindet man in die Waagerechte, ohne sie anzuschneiden. Alle nicht benötigten und bis zu einer Höhe von 70 bis 80 cm stehenden Triebe werden an der Basis entfernt. In den Folgejahren nimmt man den Mitteltrieb auf ca. 30-40 cm und damit auf einen nur mittelstarken Trieb zurück und beläßt jedes Jahr an der Mitte etwa drei gut verteilte Triebe. Beim Rückschnitt überflüssiger Triebe läßt man kleine Zapfen mit ein oder zwei Blattknospen zur Förderung des seitlichen Austriebes stehen. An den

Pflanzschnitt an Pflaumenjungbaum (Pyramidenkrone).

Zwetschentellerkrone mit waagerechten Leitästen und untergeordneter Mitte erleichtert Pflege- und Erntearbeiten.

untersten, nicht angeschnittenen Leitästen werden lediglich überflüssige, einjährige Triebe entfernt. Hat der Baum nach ca. 6 Jahren seine endgültige Höhe erreicht, wird der Aufbau der Mittelachse mit fruchttragenden, seitlichen Verzweigungen beendet. Bei der Tellerkrone ist ein jährlicher Winterschnitt zur Erhaltung der Baumform unerläßlich, wobei überflüssige einjährige Triebe an der Stammitte entfernt werden, um eine Überbauung der Krone zu vermeiden. Senkrecht hochgewachsene Triebe werden ebenso entfernt wie abgetragenes altes Fruchtholz und alle Äste und Zweige, die eine gute Belichtung der Krone verhindern. Zur Erziehung einer Spindelkrone schneidet man den Mitteltrieb etwa 35 cm über dem obersten Seitentrieb ab. Die Seitentriebe werden nicht zurückgeschnitten, sondern heruntergebunden, um das Längenwachstum zu bremsen. Bis zu einer Stammhöhe von 60–70 cm werden alle Verzweigungen entfernt. In den ersten drei bis vier Jahren wird die Stammverlängerung auf einen nicht zu steilen Seitentrieb zurückgeschnitten. Hat der Baum eine Höhe von knapp 2 m erreicht, wird nicht mehr angeschnitten. Es sollen sich ausreichend kurze Triebe an Seitenästen und Mitte bilden, die jedoch die unteren Fruchtäste nicht überbauen dürfen. Ein jährlicher Erhaltungsschnitt ist auch hier nötig, wobei abgetragene, mehrjährige und nicht benötigte Triebe entfernt werden. Die Fruchtholzbehandlung gleicht der des Apfels (siehe S. 37).

Nach dem Pflanzschnitt gut entwickelter Pflaumenjungbaum (Pyramidenkrone).

Üppig tragender Mirabellenbaum. Der fehlende Schnitt wirkt sich negativ auf die Fruchtgröße aus.

Die 'Hauszwetsche' hat viele lokale Rassen gebildet.

Altbekannte Pflaume

Köstliche Reneclode

Pfirsiche und Nektarinen

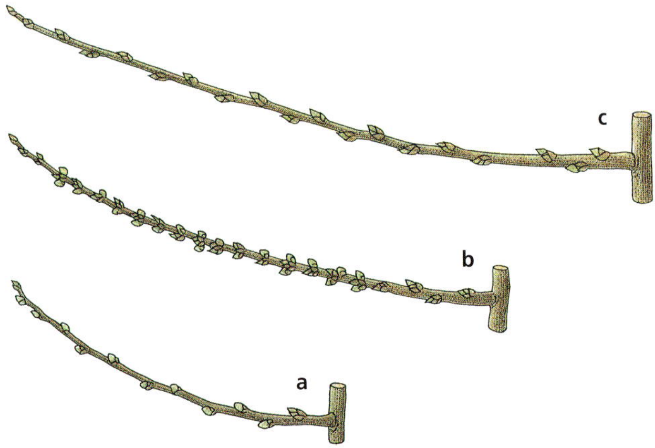

Holztrieb (c), wahrer (b), falscher (a) Fruchttrieb des Pfirsichs.

Diese Bäume tragen die Früchte, mit Ausnahme der Buketttriebe, ausschließlich am einjährigen Holz. Es entwickeln sich der sogenannte wahre und falsche Fruchttrieb. An ersterem befinden sich sowohl Blatt- als auch Blütenknospen, wobei meist zwischen zwei Blütenknospen eine Blattknospe eingebettet ist. An falschen Fruchttrieben findet man fast ausschließlich Blütenknospen; diese Triebe sind fast immer schwach und bringen nur kleine, geschmacklose Früchte oder stoßen diese sogar ab. Falsche Fruchttriebe werden daher immer entfernt. Ein starker Rückschnitt wird gut vertragen.
Sie eignen sich nicht zur Formierung strenger Spaliere, aber zu Fächerspalieren. Auch Pyramidenkronen sind geeignet. Diese Arten sollten nur im Weinbauklima frei wachsen. Ist die Gegend rauher, so wird man sie vorzugsweise an einer Südwand als Spalier erziehen.

Schön verzweigter Pfirsichjungbaum.

Derselbe Baum nach dem Pflanzschnitt.

Aprikosen

Zum Aufbau einer Pyramidenkrone pflanzt man vorzugsweise zweijährige Veredlungen, die einen Mitteltrieb sowie etwa fünf Seitentriebe aufweisen sollten. Die naturgemäße Pyramidenkrone wird mit drei bis vier Leitästen aufgebaut, die gleichmäßig, aber in unterschiedlicher Höhe um den Stamm angeordnet sein sollten. Die Stammhöhe sollte 80 cm nicht überschreiten. Der Aufbau entspricht der naturgemäßen breitpyramidalen Krone bei Pflaumen. In den ersten Jahren werden bei der Aprikose jedoch zusätzlich alle nicht benötigten, einjährigen Triebe kräftig zurückgeschnitten, um so die seitliche Fruchttriebbildung zu fördern. An diesen etwa 10–30 cm langen einjährigen Trieben bilden sich bevorzugt die Blütenknospen. Bei Verkahlung verjüngt man den Baum durch einen starken Rückschnitt der Leit- und Nebenäste.

TIP: Die sehr wärmebedürftigen Obstarten werden vorzugsweise mit einer Hohlkrone oder am Spalier an einer Südwand angebaut.

Beim Baumkauf für Spaliere achtet man auf eine gute Garnierung mit Seitentrieben. Bei niederen Wänden wird man das Spalier ohne, bei hohen Wänden den Fächer mit Mitteltrieb aufbauen.

Aprikose an Südwand

NÜSSE UND WILDOBST RICHTIG SCHNEIDEN

Die **Haselnuß** kann man nicht nur als – wie meist üblich – Strauch, sondern auch als kleines Stämmchen erziehen. Die Nüsse entwickeln sich vorzugsweise am einjährigen Holz, so daß man für regelmäßige Holzerneuerung sorgen muß. Nicht für die Verjüngung von Sträuchern benötigte Bodentriebe werden an der Basis entfernt.

Die **Walnuß** wird man als mehrjährigen Baum pflanzen. Bester Schnittzeitpunkt ist Mitte bis spätestens Ende September. Später geschnittene Bäume bluten sehr stark. Es erfolgt kein Pflanzschnitt, entfernt werden nur zu dicht und steil stehende Äste.

Bei **Wildobstgehölzen** kürzt man nach der Pflanzung die Triebe etwas ein und entfernt laufend kranke oder vergreiste Partien, ohne jedoch die typische Wuchsform zu verändern.

Im Gegensatz zum wildwachsenden Holunder erfolgt beim erwerbsmäßigen Anbau ein starker Schnitt, wobei nur einjährige Fruchtruten belassen werden.

Der Holunder bringt kräftige Blüten und schöne Früchte an einjährigen Fruchtruten.

BEERENOBST, KORREKT GESCHNITTEN

Johannisbeeren

Beim Pflanzschnitt der Büsche läßt man die vier bis fünf stärksten Triebe, alle anderen werden an der Basis entfernt. Die benötigten Triebe schneidet man auf ca. 30 cm auf eine außenstehende Knospe zurück.

Im Idealfall besteht ein Strauch bei roten und weißen Johannisbeeren aus jeweils zwei einjährigen, zweijährigen und dreijährigen Leittrieben. Bei schwachwüchsigen Sorten müssen die Leittriebe jedes Jahr zurückgeschnitten werden, um ausreichende seitliche Verzweigung zu erreichen. Bei starkwachsenden Sorten ist dies nach Beendigung des Aufbaus nicht mehr nötig. Die seitlichen Verzweigungen werden auf sieben bis acht Knospen zurückgeschnitten, wobei man Ästchen, die ins Strauchinnere wachsen, ganz entfernt. Abgetragenes Holz entfernt man nach der Ernte, sonst Schnitt im März.

Bei schwarzen Johannisbeeren genügt in der Regel nach dem Pflanzschnitt noch ein- bis zweimaliges Anschneiden der Leittriebe, da sie willig Kurztriebe als Seitenverzweigung bilden. Verjüngt wird durch den jährlichen Aufbau eines neuen Leittriebes. Dazu leitet man auf einen tiefliegenden jungen Trieb ab oder entfernt den abgetragenen Trieb an der Basis und baut einen neuen Bodentrieb auf.

Stämmchen beläßt man etwa drei bis vier gleich-

Strenge dreitriebige Johannisbeerenerziehung am Draht schmälert den Ertrag, bringt aber eine enorme Arbeitserleichterung beim Pflücken.

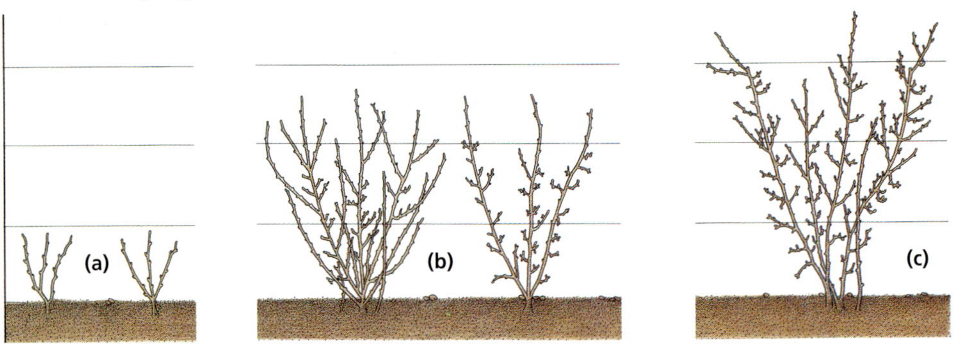

Rote Johannisbeeren; 1. Jahr: Pflanzung (a); 3. Standjahr: Entfernen von Bodentrieben (b); beim älteren Strauch Ersatz der alten Leittriebe durch Jungtriebe (c).

mäßig um den Mitteltrieb angeordnete Leittriebe. Man schneidet die Triebe und seitlichen Verzweigungen an, um eine gute Garnierung zu erreichen, kürzt dann jedes Jahr ein.
Bei Erziehung einer Hecke am Drahtgerüst werden die drei bis vier stärksten Triebe fächerartig am Spanndraht festgebunden. In den folgenden zwei Jahren zieht man je einen weiteren Leittrieb aus Bodentrieben heran. Beim Pflanzschnitt schneidet man die Triebe nur an, da sie am Gerüst guten Halt finden. In den Folgejahren ist ein Rückschnitt nur bei zu schwachem Wuchs von Seitentrieben nötig. Zu hochwachsende Triebe leitet man auf tieferstehende Seitentriebe ab. An den äußeren, flacheren Leittrieben steil nach oben wachsende Triebe, werden entfernt.

JOSTABEEREN

Bei der Pflanzung beläßt man drei bis vier Triebe, deren Spitzen etwas eingekürzt werden.
Ein Erziehungsschnitt ist nicht notwendig. Lediglich bei zu dichtem Wuchs lichtet man etwas aus. Nach etwa fünf Jahren müssen die Leittriebe nach und nach durch neue, nicht zu starke Bodentriebe ersetzt werden. Mittelstarke Triebe weisen die beste Fruchtbarkeit auf. Überhängende Triebe können bis zur Hälfte eingekürzt werden.

Bei stärkerwachsenden Sorten können bis zu fünf Triebe am Draht gezogen werden.

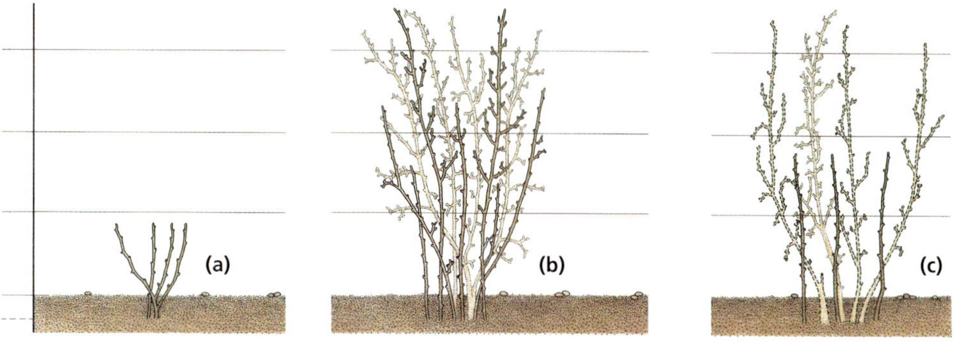

Schwarze Johannisbeeren: 1. Jahr: Pflanzung (a); 3. Standjahr: alte Triebe durch Jungtriebe ersetzen (b); der ältere Strauch besteht aus ein-, zwei- und dreijährigen Trieben (c).

Stachelbeeren

Der Aufbau von Büschen erfolgt meist mit drei bis fünf Leittrieben. Diese werden bei der Pflanzung auf ca. 20-30 cm Höhe auf eine außenstehende Knospe angeschnitten. In den folgenden drei bis vier Jahren baut man jeweils einen weiteren Leittrieb aus den sich neu bildenden Bodentrieben auf. Der fertig erzogene Strauch hat nicht mehr als acht kräftige Leittriebe. Unnötige Bodentriebe laufend ganz entfernen.
Beim Aufbauschnitt wird jährlich der Neuzuwachs der Leittriebe um ca. ein Drittel, die Seitenverzweigungen auf sechs bis acht Knospen zurückgeschnitten. Die sich an den Seitenverzweigungen bildenden Seitentriebe kürzt man auf zwei bis drei Knospen ein. Stachelbeeren treiben sehr kräftig aus. Ziel der Schnittmaßnahmen ist die laufende Erneuerung der Leittriebe, um einer Vergreisung des Strauches vorzubeugen. Dazu beläßt man jährlich ein bis zwei neue Bodentriebe und entfernt analog die ein bis zwei ältesten, abgetragenen Triebe. Alle nicht benötigten Bodentriebe müssen weiterhin an der Basis entfernt werden. Die belassenen Triebe werden nur wenig angeschnitten, damit sie rasch die gewünschte Höhe erreichen. Geschnitten wird am be-

Stachelbeererziehung am Drahtgerüst. Bei dem abgebildeten Stachelbeerbäumchen erfolgte keine konsequente Erziehung am Draht. Die Krone ist zu dicht, und die Erntearbeiten sind erschwert.

Auslichtungsschnitt eines älteren Stachelbeerstrauchs. In mehreren Schritten wird der Strauch von unten her ausgelichtet.

Vom amerikanischen Stachelbeermehltau befallene Triebspitzen werden bis ins gesunde Laub zurückgeschnitten. Kranke Teile dürfen nicht auf den Kompost!

sten im Winter von Ende November bis Anfang März. Zuerst entfernt man alle auf dem Boden aufliegenden Äste, die zu ersetzenden Leittriebe und die überzähligen Bodentriebe. Es ist wichtig, besonders wenn schon der amerikanische Stachelbeermehltau

Stachelbeerbäumchen mit Pfahl. Ein regelmäßiger Schnitt verhindert, daß die Kronen zu dicht werden.

TIP: Um eine weitere Infektion zu vermeiden, sammelt man krankes Schnittholz und verbrennt es am besten.

aufgetreten ist, alle Triebspitzen einzukürzen.
Bei bogenförmig wachsenden Sorten schneidet man die Triebe jeweils auf eine astoberseits stehende Knospe zurück.
Stämmchen, gleich welcher Höhe, baut man mit drei bis vier Leittrieben, die gleichmäßig um die Stammmitte verteilt sind, auf. Gegebenenfalls empfiehlt es sich, die vorgesehene Stammitte am Pfahl hochzubinden. Die Triebe werden um etwa die Hälfte eingekürzt. Beim jährlichen Schnitt entfernt man alle in das Kroneninnere wachsenden und zu steil stehenden oder nach unten gerichteten Triebe. Auch hier müssen die Triebspitzen bei Befall von amerikanischem Stachelbeermehltau eingekürzt und das befallene Holz verbrannt werden. Als Ersatz für abgetragene Leitäste wird entweder auf einen in Stammnähe stehenden, neugewachsenen Trieb aufgeleitet oder ein geeigneter Jungtrieb aufgebaut.
Stachelbeeren können sehr gut am Drahtgerüst als Hecke erzogen werden, was

Zum Brechen voll hängt ein Bäumchen der mehltauresistenten Sorte Invicta®

die Pflege- und Erntearbeiten sehr erleichtert. Pro Pflanze beläßt man die vier kräftigsten Triebe und schneidet diese auf 20 bis 30 cm auf eine außenstehende Knospe zurück. Die Triebe werden fächerförmig am Spanndraht befestigt.
Da die beiden unteren Triebe schwächer wachsen als die mittleren, wird man erstere immer etwas länger belassen, um so einen gleichmäßigen Aufbau des Strauches zu erreichen. Der Schnitt wird so wie bei den Sträuchern durchgeführt.
Ersatz der Leitäste erfolgt möglichst durch das Ableiten auf tiefstehende Seitenverzweigungen. Wichtig ist bei allen Formen ein regelmäßiger Schnitt.

Himbeeren
Man pflanzt einjährige Ruten mit zwei starken Wurzelknospen. Beim Pflanzschnitt die Ruten auf 40 bis 50 cm zurückschneiden. Nachdem bis zum Spätsommer/Herbst kräftige neue Ruten aus dem Wurzelhals gewachsen sind, wird die gepflanzte Rute direkt am Boden abgeschnitten.
Beim jährlichen Schnitt ist folgendes zu beachten: Einmaltragende Himbeersorten bilden ihre Blütenknospen an der vorjährigen Rute. Zweimaltragende Himbeersorten tragen das erste Mal im Spätsommer/Herbst an den in diesem Jahr gebildeten Ruten, und zwar bilden sich an den Spitzen derselben die Fruchtstände aus. Abgetragene Rutenteile

Himbeeren als fruchttragende Hecke. Die Querlatte verhindert ein Lockerwerden der Drähte.

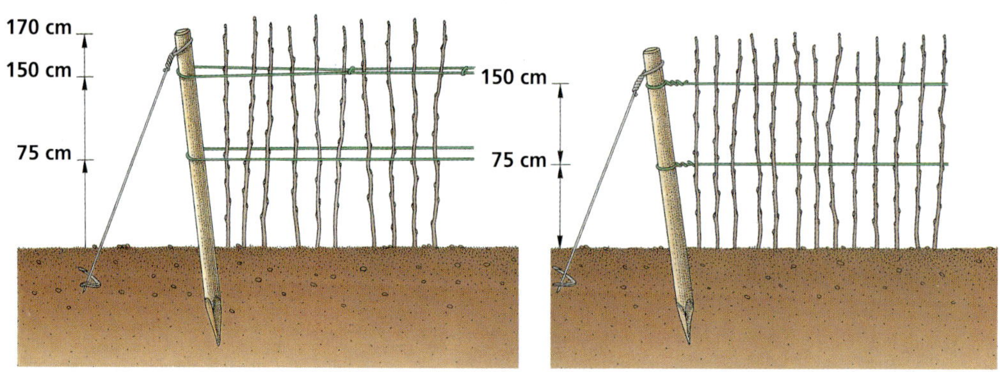

Zwei verschiedene Gerüste: Die Variante links mit doppeltem Draht bietet den Vorteil, daß die Ruten nicht am Draht befestigt werden müssen. Der Draht wird an verschiedenen Stellen zusammengezogen und hält die Ruten. Bei der Variante rechts müssen die Ruten angebunden werden. Dies kann mit speziellen Klammern, aber auch mit Bast oder Bindfaden geschehen.

Himbeeren

sterben bei Himbeeren ab, in diesem Falle also der Spitzenbereich der Triebe, und müssen entfernt werden. Die an den Ruten tieferliegenden Knospen bilden ihre Früchte - wie bei einmaltragenden Sorten - erst im darauffolgenden Sommer aus. Nach der Ernte werden die abgetragenen Ruten wie bei den einmaltragenden Sorten unmittelbar am Boden abgeschnitten und aus der Anlage entfernt. Man beläßt nicht mehr als 10, höchstens 12 Ruten je laufenden Meter und sucht dabei die stärksten aus. Die übrigen Ruten werden direkt am Boden abgeschnitten.

TIP: Ist man bei zweimaltragenden Sorten nur an der Herbsternte interessiert, so entfernt man im Spätwinter alle Triebe.

Man beläßt dann alle sich bildenden Neutriebe, da diese ja im Spätsommer nur im Spitzenbereich tragen. Durch die Mehrzahl der Triebe vergrößert sich dann die Ernte.
Bei den einmaltragenden Sorten sterben die zwei Jahre alten Ruten nach der Ernte langsam ab. Es ist zweckmäßig, sie baldmöglichst nach der Ernte direkt am Boden abzuschneiden und aus der Anlage zu entfernen. Die verbleibenden jungen einjährigen Ruten werden wie bei zweimaltragenden Sorten ausgelichtet. Manche Sorten bilden bis zum Vegetationsende sehr lange Ruten. Man kann sie im zeitigen Frühjahr, wenn keine starken Fröste mehr zu erwarten sind, auf ca. 160-180 cm zurückschneiden, oder bogenförmig am Gerüst befestigen.
Werden durch einen Spätfrost die neu ausgetriebenen Ruten geschädigt, was sich an braunen bis schwarzen Verfärbungen an der Rinde zeigt, so entfernt man diese am besten sofort. Es bilden sich willig neue, gesunde Jungtriebe.

Die abgeernteten Ruten werden unmittelbar nach der Ernte dicht am Boden abgeschnitten

Brombeeren

Vor den stacheligen, ungeschnitten oft ein undurchdringliches Dickicht bildenden Brombeeren schrecken viele Gartenbesitzer zurück. Dies ist schade, denn durch einen konsequenten Sommer- und Winterschnitt und eine Erziehung am Gerüst bekommt man auch diese unbequeme Obstart gut in den Griff. Scheut man die Stacheln, entscheidet man sich für eine der angebotenen stachellosen Sorten. Man pflanzt gut bewurzelte, bleistiftdicke Jungpflanzen mit mindestens einer, besser zwei Wurzelknospen in einem Abstand von ca. 3 bis 4 m. Ein Pflanzschnitt erfolgt nicht. Im Sommer nach der Pflanzung sollen sich minde-

Brombeeren mit Rankgerüst – ein fruchtragender Sichtschutz

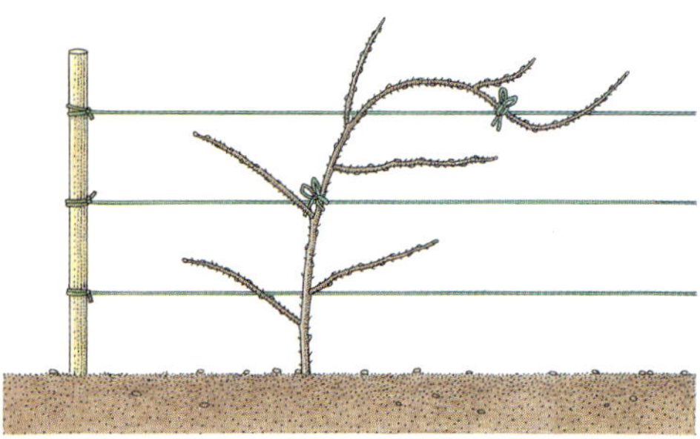

Auch Brombeeren benötigen ein Gerüst. Die sich seitlich bildenden Geiztriebe sollten während der Vegetation laufend gekürzt werden.

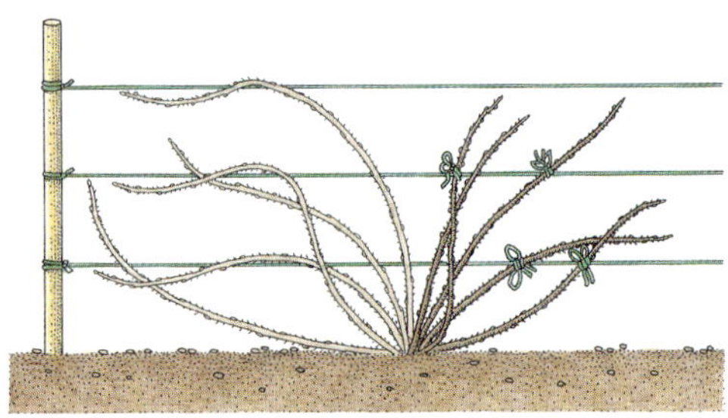

Die abgebildete Trennung der Brombeerruten (links Jungruten, rechts Tragruten) erleichtert die Ernte.

stens zwei bis drei Ranken bilden, die fächerartig am Gerüst befestigt werden. Aus den Blattachseln entwickeln sich Triebe, die Geiztriebe. Diese kürzt man auf zwei bis drei Blätter ein, sobald sie eine Länge von 30-40 cm erreicht haben. Die Brombeere trägt Früchte an den im Vorjahr gewachsenen Ruten. So können sich im ersten Jahr nach der Pflanzung bereits die ersten Früchte entwikkeln. Die sich aus dem Wurzelstock entwickelnden Ranken verteilt man fächermäßig am Gerüst. Die sich bildenden Geiztriebe werden wieder, nachdem sie eine Länge von ca. 40-50 cm erreicht haben, auf vier bis fünf Blätter zurückgenommen. Im März des darauffolgenden Jahres werden alle nunmehr zweijährigen Ranken, hier also die im Pflanzjahr gewachsenen, unmittelbar über dem Boden abgeschnitten. Die sich neu bildenden Ranken werden am unteren Spanndraht angebunden.
Um Frostschäden zu vermeiden, schneidet man vorzugsweise erst ab März. Zuerst zerschneidet man die alten Ranken mit der Schere in Teilstücke, um sie problemlos entfernen zu können. Die im zweiten Jahr stehenden, dieses Jahr Ertrag bringenden Ranken werden von dem unteren Spanndraht losgelöst und auf den höheren Spanndrähten fächerförmig angebunden. Die Geiztriebe werden auf nunmehr zwei bis drei Knospen zurückgenommen und zu lange Ranken auf das gewünschte Maß eingekürzt. Selbstverständlich werden alle dürren Teile entfernt.
Die sich im Sommer bildenden neuen Ranken müssen laufend am unteren Spanndraht befestigt werden. Man beläßt einer Pflanze vier bis sechs Ranken, die man nicht länger als 3,00 bis 3,50 m werden läßt. Sind die Jungruten erfroren, treibt die Pflanze im Frühjahr wieder willig neue Ruten aus.

TIP: In den Folgejahren werden die fruchttragenden, zweijährigen Ruten jeweils nach der Ernte am Boden abgeschnitten, ohne sie jedoch zu entfernen. Sie dienen über den Winter als Frostschutz zusammen mit den an der Pflanze verbleibenden Blättern.

Der Zaun läßt sich sehr schön als Rankhilfe für eine Brombeere benutzen.

Heidelbeeren

Die Kulturheidelbeere bringt nur in einem sauren Boden mit einem pH-Wert von etwa 4,5, der während der ganzen Vegetationszeit nicht austrocknen darf, den gewünschten Erfolg. Die Auflage einer Mulchschicht unter den Sträuchern hilft, den Boden deutlich feuchter zu halten.
Da die Kulturheidelbeere Blütenknospen nur am einjährigen Holz bildet, ist bei älter werdenden Sträuchern die Förderung von Neutrieben vorrangiges Ziel des Schnittes. Der fertige Strauch sollte acht kräftige Bodentriebe aufweisen.

Wilde Waldheidelbeeren sind leckere und bei Alt und Jung beliebte Früchte.

Die bekannten, in unseren Gärten stehenden Zuchtheidelbeeren stammen nicht von unserer heimischen Waldheidelbeere ab.

Durch regelmäßiges Auslichten und Entfernen überalterter Triebe sorgt man für eine gute Garnierung und Bildung einjähriger Triebe. Zu dünne, buschige Seitentriebe werden ebenfalls entfernt. Die überalterten Triebe setzt man auf kräftige Seitentriebe zurück oder schneidet sie etwa 20 cm über dem Boden ab. Überzählige Bodentriebe, die nicht als Ersatz für abgetragenes Holz benötigt werden, schneidet man di-

TIP: Kulturheidelbeeren sind in saurem Boden sehr leicht heranzuziehen. Es erfolgt kein Pflanzschnitt. Zudem wird in den ersten Jahren nicht geschnitten. Entfernt werden nur beschädigte Triebe.

rekt über dem Boden ab, wobei man natürlich die kräftigsten als Ersatz für abgehende stehen läßt. Triebe, die seitwärts des Strauches aus dem Boden treiben, werden ebenfalls entfernt. Wachsen einzelne Triebe über die durchschnittliche Strauchhöhe hinaus, so kann man sie zurückschneiden. Man erreicht damit bei diesen zwar eine bessere Seitenknospenbildung, vermindert allerdings für dieses Jahr etwas den Ertrag, da Heidelbeeren die Früchte

Deutlich erkennbar ist der unterschiedliche Reifegrad der einzelnen Beeren. Dies macht ein mehrmaliges Überpflücken notwendig.

Kulturheidelbeeren bilden sowohl größere Sträucher als auch größere Früchte aus als die Waldheidelbeere.

in erster Linie am oberen Teil der Triebe bilden. Lassen die Triebentwicklung und der Ertrag nach, so kann der Strauch durch einen radikalen Rückschnitt verjüngt werden. Dazu werden alle Triebe auf eine Länge von etwa 30 cm zurückgeschnitten. Bei schwachwüchsigen Sorten kann diese Maßnahme schon nach sechs bis acht Jahren, bei starkwachsenden ersten nach fünfzehn bis zwanzig Jahren erforderlich werden.
Geschnitten wird während der Vegetationsruhe in den Wintermonaten. Um gute Erträge zu erzielen, ist darauf zu achten, daß der Strauch nicht zu dicht wird

Kiwis

Die sehr wärmeliebende und frostempfindliche Kiwi zieht man in unserer Klimazone am besten an einem Spalier, an dem sie als Kletterpflanze willig emporrankt. Dabei rankt sie nicht nur an den Spalierdrähten, sondern nimmt auch Pfosten und selbst eigene Triebe in Anspruch. Wenn nicht regelmäßig im Sommer und Winter geschnitten wird, entsteht sehr schnell ein kaum mehr zu entwirrendes Dickicht.
Das Gerüst sollte schon bei der Pflanzung errichtet werden und die Pflanzen bereits ab dem ersten

Kiwipflanze mit lockerem Aufbau nach dem Sommerschnitt.

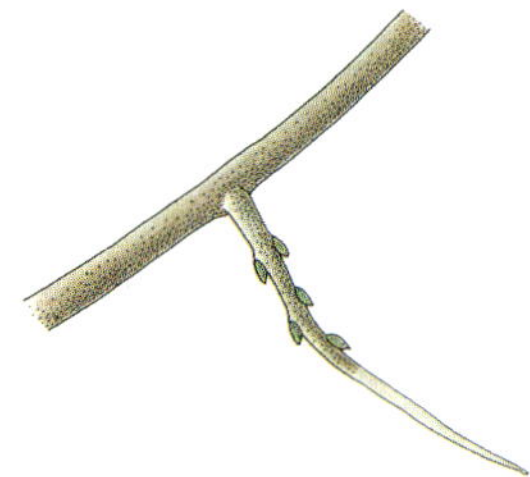

Kiwi-Sommer- und Winterschnitt: Jungtriebe werden im Winter auf fünf bis sechs Knospen eingekürzt (oben).

Im Sommer darauf haben sich Früchte gebildet. Zur besseren Belichtung der Früchte werden die Triebe auf fünf bis sechs Blätter hinter den Früchten eingekürzt.

Abgetragene Bereiche werden im Winter entfernt und auf einen neuen Jungtrieb aufgeleitet.

In besonders warmen Lagen oder im Schutz einer wärmenden Hauswand gedeiht die krankheits- und schädlingsunempfindliche Kiwi (Actinidia chinensis).

Diese Kiwi ist eine etwas frosthärtere Art. Wegen ihres honig- oder feigenartigen Geschmacks wird sie auch Feigenkiwi genannt – (Actinidia arguta).

Standjahr in die vorgesehene Position gebracht werden. Wenn nötig, bindet man in den ersten Jahren die Triebe fest. In den beiden ersten Jahren läßt man die Pflanze wachsen, ab dem dritten Jahr muß regelmäßig im Sommer und im Winter geschnitten werden. Man schneidet im Winter an frostfreien Tagen Ende Februar bis Mitte März. Bei einem späteren Schnitt fängt die Wunde an zu bluten, der Strauch verliert zuviel Saft. Man schneidet alte, abgetragene Fruchttriebe bis zum Leitast ab. Der als Ersatz vorgesehene Jungtrieb sollte nicht zu steil gewachsen sein; von Vorteil ist es, wenn man diesen schon im Sommer vorher in die gewünschte Lage heftet. Durch den Winterschnitt wird eine regelmäßige Fruchtholzverjüngung angeregt. Zu beachten ist, daß die Triebe im Winter leicht brechen, man muß daher entsprechend vorsichtig vorgehen. Im Sommer, vorzugsweise im August, kürzt man die mit Früchten behangenen langen Triebe auf etwa fünf bis sechs Blätter hinter den Früchten. Durch diese Maßnahme kommen die Nährstoffe den Früchten zugute. Außerdem ist es leichter, das Rankengewirr in den Griff zu bekommen. Zugleich entfernt man auch zu kleine oder schlecht ausgebildete Früchte. Bei einem Wandspalier muß der Schnitt exakter durchgeführt werden als bei einem freistehenden Spalier. Es muß aber in beiden Fällen auf ein ausgewogenes Gleichgewicht zwischen Neu- und Fruchttrieben geachtet werden.

Will man einen Laubengang erstellen oder eine Veranda überdachen, muß die Decke nach unten offen – also nicht massiv – sein, damit die Früchte nicht aufliegen, sondern durchhängen können. Das bewahrt die Früchte vor Krankheitsbefall.

LITERATUR

Bischof, Herbert: Schnitt und Veredlung von Obstgehölzen. Stuttgart 1993.

Diemer, Irmgard: Imkern als Hobby. Stuttgart 1995.

Jantra, Helmut: Obstgarten. Stuttgart 1994.

Müller, Gert: Alte Obstsorten. Stuttgart 1995.

Thinnes, Gerhard: Obstgehölze schneiden. Stuttgart 1993.

Wolff, Jürgen: mein schöner Garten – Freude und Erfolg im Garten. Stuttgart 1994.

VEREINE UND VERBÄNDE

Landesverband Hessen für Obstbau, Garten und Landschaft e.V.
Eichgärtenallee 1
35394 Gießen

Bundesverband Deutscher Gartenfreunde
Siegfried-Leopold-Str. 6
53255 Bonn-Beuel
(nur Kleingärtner)

Verband der Gartenbauvereine Saar-Pfalz e.V.
Kaiserstr. 77
66133 Scheidt

Bayerischer Landesverband für Gartenbau und Landespflege e.V.
Herzog-Heinrich-Str. 21
80336 München

Bundesobstverband
Löelstr. 16
A-1010 Wien

SCHNITTKURSE

Informationen dazu erhalten Sie bei den örtlichen Volkshochschulen, Kleingärtner- und Gartenvereinen sowie bei den Beratungsstellen der Landwirtschaftskammern und den Kreisobstbauberatungsstellen.

BEZUGSQUELLEN FÜR SCHNITTWERKZEUGE

Löwe
Gebrüder Schröder GmbH
Postfach 6269
24123 Kiel

Schlemper GmbH & Co. KG
Postfach 110930
42669 Solingen-Ohligs

Wolff-Geräte GmbH
Wilhelmstr. 76
57518 Betzdorf/Sieg

Blount GmbH
Reinhardstr. 23
71116 Gärtingen

KME Agromax GmbH
Postfach 1230
79346 Edingen

Felco
J. Baier Vertrieb
Sonnenleite 3
82327 Tutzing

Gardena
Postfach 2747
89017 Ulm

Adlus
Adlusstr. 2
89257 Illertissen

Nägeli AG
Postfach
CH-8594 Güttingen

BEZUGSQUELLEN FÜR VEREDELUNGSUNTERLAGEN

Baumschule Hermann Lodder
Elvert 5
48249 Dülmen-Hiddingsel

Baumschule Karl Zolg
Ob dem Dorf 5
78244 Gottmadingen

VERSAND VON OBSTGEHÖLZEN

Peter Klock
Stutsmoor 42
22607 Hamburg

Fritz Herr
Bonner Str. 26–32
53340 Meckenheim

Wilhelm Ley
Baumschulenweg 9
53340 Meckenheim

J. Lambert & Söhne
Postfach 2565
54215 Trier

Conrad Appel KG
Bismarckstr. 59
64293 Darmstadt

Kayser & Seibert
Wilhelm-Leuschner-Str. 85
64380 Roßdorf

Hermann Ulmer
Obere Grabenstr. 48–52
73235 Weilheim

Alfons Berger
Lindauer Str. 38
88069 Tettnang

Hermann Zulauf AG
CH-5107 Schinznach-Dorf

Obst- und Beerenzentrum Häberli
CH-9315 Neukirch-Egnach

REGISTER

Halbfett gedruckte Seitenzahlen weisen auf Abbildungen hin.

BILDNACHWEIS

Mit Farbfotos von:
Bayerische Landesanstalt für Wein- und Gartenbau/Klaus Körber, Veitshöchheim (4 ro, 6 o, 25 u, 41 r, 45 zweites v. o, 47 u beide, 48); Herbert Bischof, Oberteuringen (1 M, 4 rM, 5, 7 o, 8, 9, 10 o, 12, 14, 15, 17, 19, 20, 21, 22 , 23, 24, 25 o, 27, 30, 31 o, 32, 33, 35 r, 37, 38 o, 40, 41 l, 43, 44, 46, 49, 50, 51); Günter Linke, Ellerbek (42); Bernd Kottal, Mosbach (1 r); Reinhard Tierfoto, Heiligkreuzsteinach (1 l, 2 o, 3, 4 ru, 6 u, 7 u, 10 u, 13, 26, 34, 35 l alle, 45 o, 45 u, 45 zweites v.u, 52, 53, 54, 55, 56, 57, 58, 59); Robert Sulzberger, Freising (2 u, 4 l, 29, 31 u, 36, 38 u, 39, 47 o);

Mit Zeichnungen von Marianne Golte-Bechtle, Stuttgart (9, 28, 43); alle anderen von Horst Lünser, Berlin.

IMPRESSUM

Umschlaggestaltung von Atelier Reichert, Stuttgart.
Umschlagvorderseite: Foto von Robert Sulzberger, Freising; Zeichnung von Horst Lünser, Berlin
Umschlagrückseite: Foto links von Reinhard Tierfoto, Heiligkreuzsteinach; Foto rechts von Robert Sulzberger, Freising.
Klappe außen: Foto von Reinhard Tierfoto, Heiligkreuzsteinach.
Klappe innen: Fotos alle von Ralf Roppelt, Stuttgart
Infoline-Autorenporträt: Privatbesitz Herbert Bischof.

Mit 96 Farbfotos und 29 Farbillustrationen.

Die Deutsche Bibliothek – CIP-Einheitsaufnahme

Bischof, Herbert:
Obstgehölze schneiden leichtgemacht / Herbert Bischof. – Stuttgart : Franckh-Kosmos, 1996
ISBN 3-440-07066-2

ISBN 3-440-07066-2
Lektorat: Engelbert Kötter
Grundlayout: Atelier Reichert, Stuttgart
Gestaltung: Gisela Dürr, München
Satz: ad hoc! Typographie, Ostfildern
Printed in Italy/Imprimé en Italie
Druck und Buchbinder: Printer Trento S. r. l., Trento

Alle Angaben in diesem Buch sind sorgfältig geprüft und geben den neuesten Wissensstand bei der Veröffentlichung wieder. Da sich das Wissen aber laufend in rascher Folge weiterentwickelt und vergrößert, muß jeder Anwender selbst prüfen, ob die Angaben nicht durch neuere Erkenntnisse überholt sind. Dazu muß er zum Beispiel Beipackzettel zu Dünge-, Pflanzenschutz- und Pflanzenpflegemitteln lesen und genau befolgen sowie Gebrauchsanweisungen und die Gesetze des jeweiligen Landes beachten.

Extra

WAS FACHBEGRIFFE BEDEUTEN

abgetragenes Fruchtholz:
Durch häufigen Fruchtbehang so tief abgesenkte Fruchtäste, daß an deren Fruchtholz eine ausreichende Ernährung der Früchte nicht mehr gewährleistet ist.

Ableiten:
Zu lange Triebe werden eingekürzt, wobei man auf seitliches oder nach unten wachsendes Fruchtholz schneidet.

Alternanz:
Jährlicher Wechsel in der Fruchtbarkeit eines Baumes, einem ertragreichen Jahr folgt eines mit deutlich geringerem Ertrag.

angeschnittene Knospe:
Wird ein Zweig eingekürzt, so ist die angeschnittene Knospe nicht etwa dabei verletzt worden, sondern diejenige, die als vorderste noch am Zweig belassen wurde. Je nach Stärke des erfolgten Rückschnittes wird sie schwach oder stark austreiben, je nach zugedachter Aufgabe Leittriebe verlängern oder Seitentriebe bzw. Fruchttriebe ausbilden.

Astring:
Die Ansatzstelle eines Astes am Stamm bzw. einem anderen Ast bzw. am letztjährigen Holz, an der meist mehrere schlafende Knospen liegen.

Aufleiten:
Einkürzen eines abgesenkten Astes, wobei auf einen nach oben wachsenden Seitenast geschnitten wird.

bukettartige Triebe:
Ein Blütenknospenkranz, meist bei Süßkirschen, in dessen Mitte sich eine Blattknospe entwickelt.

Drahthose:
Drahtgeflecht, das zum Schutz vor Wilfverbiß um den Stamm junger Bäume gelegt wird.

geblendet:
Eine Knospe wird mit Messer oder Fingernagel zerstört, damit sie nicht austreibt.

geheftet:
Angeheftet, angebunden.

Garnierung:
Besatz von Knospen, Trieben, Fruchtkuchen usw. an Ästen.

Habitus:
Die individuelle Wuchsform, das Erscheinungsbild der Pflanze.

Internodien:
Der Zweigabschnitt zwischen zwei aufeinanderfolgenden Knospen.

Jungtriebe aufbauen:
Junge Triebe werden durch geeignete Schnittmaßnahmen zu Funktionsträgern in der Baumkrone erzogen.

Konkurrenztrieb:
Starker, steiler Trieb aus der Knospe, welche direkt hinter derjenigen Knospe liegt, welche die Triebverlängerung übernommen hat.

Kurzer Fruchtholzschnitt:
Fruchtholz, das nur noch wenig leistungsfähig ist, wird auf wenige Blütenknospen zurückgeschnitten, damit es wieder kräftige Blütenknospen bzw. Kurztriebe bildet.

Langer Fruchtholzschnitt:
Das Fruchtholz wird kaum oder nur wenig zurückgeschnitten da es sonst mit zu starkem Neutrieb und verminderter Blütenknospenbildung reagiert.

Überbauung der Krone:
Eine Krone verliert die wichtige kegelförmige Form infolge unkontrollierten Wachstums im oberen Kronenbereich.

verkahlte Krone:
Baumkrone, die nur noch an der Peripherie grün ist, weil die Knospen im Kroneninneren wegen Lichtmangel nicht mehr austreiben.

Weißanstrich:
Ein weißer Kalkanstrich an Stamm und Astansätzen, der im Spätwinter die Sonneneinstrahlung reflektiert und dadurch ein Aufplatzen der Rinde als Folge extremer Temperaturschwankungen verhindert.

Extra

ZEHN GOLDENE SCHNITTREGELN

- Bäume regelmäßig schneiden.
- Nicht bei Temperaturen unter –8°C schneiden.
- Nur einwandfreies, scharfes Werkzeug und sichere Leitern sowie enganliegende Kleidung verwenden.
- Alles tote und kranke Holz entfernen, ebenso die Mumienfrüchte (vertrocknete, pilzbefallene Früchte am meist schon kahlen Baum). Werkzeug vor Wechsel von kranken zu gesundem Baum mit Spiritus gründlich desinfizieren.
- Beachten: Leichter Rückschnitt bewirkt geringen Austrieb, starker Rückschnitt bewirkt kräftigen Austrieb.
- Konsequent die angestrebte Kronenform aufbauen und erhalten.
  - Den schwächsten Leitast zuerst schneiden, die stärkeren daran ausrichten.
  - Leitäste im richtigen Winkel zum Baum erziehen.
  - Leitäste betonen bei Apfel, Birne und Steinobst auf starkwachsender Unterlage.
- Fruchtäste und Fruchtholz immer den Leitästen unterordnen.
- Stets für nachwachsendes, junges Fruchtholz sorgen und altes, abgetragenes Fruchtholz herausschneiden.
- Kontrolle des Stammes und Wundbehandlungen nicht vergessen.
- Beobachten, wie der Baum auf den Schnitt reagiert, notieren und diese Erfahrung beim nächsten Schnitt berücksichtigen.

VERBREITETE VEREDELUNGSUNTERLAGEN (vgl. Seite 11)

Vegetative Unterlagen

Gebräuchlich sind:

für Äpfel: 'M27', 'M9', 'M26' (schwachwachsend), 'M7', 'MM106', 'M2', 'M4' (mittelstarkwachsend), 'M11', 'A2' (stärkerwachsend); **für Birnen:** 'Quitte A', 'Quitte C'; **für Quitten:** 'Quitte A'; **für Sauerkirschen:** Prunus mahaleb, 'Colt' (schwachwachsend), 'F12/1' (mittelstarkwachsend); **für Süßkirschen:** 'Colt', 'GM61/1', 'Weiroot', 'Gisela' (schwächerwachsend), 'F12/1' (mittelstarkwachsend); **für Zwetschen:** 'St. Julien INRA 655/2', 'Ishtara' (schwachwachsend), 'St. Julien A' (mittelstarkwachsend)

Sämlingsunterlagen: (immer starkwachsend)

Gebräuchlich sind:

für Äpfel: Sämling 'Bittenfelder'; **für Birnen:** Sämling 'Kirchensaller Mostbirne'; **für Quitten:** nicht üblich; **für Sauerkirschen:** Prunus avium; **für Süßkirschen:** Prunus avium; **für Zwetschen:** Sämling 'Myrobalane'